广东省中小学"百千万人才培养工程"初中理科名教师培养项目丛书

丛书总主编：于 慧 李晓娟

德智融通 思行合一

核心素养导向的初中化学教学

杨美珍 著

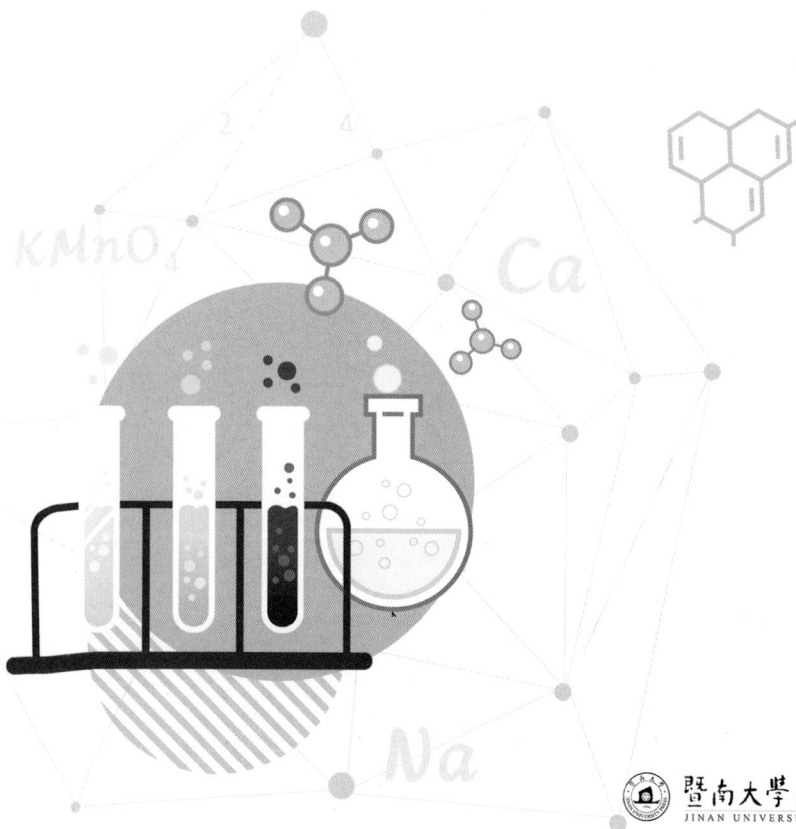

暨南大学出版社
JINAN UNIVERSITY PRESS

中国·广州

图书在版编目（CIP）数据

德智融通　思行合一：核心素养导向的初中化学教学/杨美珍著. —广州：暨南大学出版社，2024.10
（广东省中小学"百千万人才培养工程"初中理科名教师培养项目丛书/于慧，李晓娟总主编）
ISBN 978 – 7 – 5668 – 3917 – 6

I. ①德…　II. ①杨…　III. ①中学化学课—教学研究—初中　IV. ①G633.82

中国国家版本馆 CIP 数据核字（2024）第 096967 号

德智融通　思行合一：核心素养导向的初中化学教学
DE ZHI RONG TONG　SI XING HE YI：HEXIN SUYANG DAOXIANG DE CHUZHONG HUAXUE JIAOXUE

著　者：杨美珍

....

出 版 人：阳　翼
统　　筹：黄　球　潘江曼
责任编辑：刘宇韬
责任校对：刘舜怡　黄亦秋
责任印制：周一丹　郑玉婷

出版发行：暨南大学出版社（511434）
电　　话：总编室（8620）31105261
　　　　　营销部（8620）37331682　37331689
传　　真：（8620）31105289（办公室）　37331684（营销部）
网　　址：http：//www.jnupress.com
排　　版：广州良弓广告有限公司
印　　刷：广州市金骏彩色印务有限公司
开　　本：787mm×1092mm　1/16
印　　张：11.5
字　　数：200 千
版　　次：2024 年 10 月第 1 版
印　　次：2024 年 10 月第 1 次
定　　价：49.80 元

序

　　教师的教育思想和治教主张从来都是学生精神生长不可或缺的元素。论及思想，韩愈讲：行成于思；帕斯卡尔说：思想成全人的伟大；海塞则进一步阐明：思想和智慧是高尚的美德。

　　要想让新时代的教育承担"传播知识、传播思想、传播真理"的崇高使命，就要让有思想的教师引领莘莘学子思想的成长。杨美珍老师在其长达二十五年的教坛躬耕中，乐于悬思，勤于苦索，矢志探秘，终于为其毕生热爱的初中化学教育事业，奉献了"德智融通，立德树人；手脑相长，思行合一"的化学教育思想。

　　德国教育家赫尔巴特曾有一句名言：没有无教育的教学，也没有无教学的教育。如何让学生在认知、道德、情感、学术和审美诸方面全面发展？如何打破"教"与"育"的壁垒，让每一个学生获得德育与智育的双重滋养？杨美珍老师站在民族复兴、为国育才的高度，将平凡的学科教育与学生的今天、祖国的明天紧密连接在一起，她主张用"德智融通"，去践行"立德树人"，其落脚点就是"用爱启迪智慧，用心润泽心灵"。

　　新时代的"师爱"正是这本著作出彩之处。"师爱"不是慷慨激昂的口号，而是每一位老师实实在在的付出和点点滴滴的流露。在本书中，我们可以看到大量真实可信的育人案例和感人至深的教育叙事，在这些案例和教育故事中，我们也能清晰地看到一位走进学生心灵、倾听学生心声、关爱学生疾苦的仁爱之师的身影，感受到她爱满天下的炙热教育情怀。

　　用思想引领课堂，用课堂表达思想。面对当前"化学教育缺乏实践和过程，具有强烈的结果导向""部分教师的教学乐于从间接知识到间接知识，忽略从原点出发的过程生成，把所谓的效率强调到疯狂的程度，导致学生思维缺乏悟性，创新力低下"等突出问题，杨美珍老师聚力用"手脑相长，思行合一"的化学教育思想，破解变革实践中的问题。她在教学实践探索中，引导学生像科学家那样动脑思维，像工程师那样动手解决真实问题，切实把新课标提出的"注重引导学生参与学科探究活动，开展跨学科实践，经历发现和解决问题、建构和运用知识的过程，让认识基于实践，通过实践得到提升"的要求落到实处。用"手脑相长"践行"思行合一"，也是本书作者为一线教师贡献的学科教育方法论和带有泥土芳香的实践智慧。

以教育家为榜样，弘扬教育家精神，迫切需要我们的教师成为精于"传道授业解惑"的"经师"和"人师"的统一者，成为做学生为学、为事和为人的大先生。我相信杨美珍老师所著的《德智融通　思行合一：核心素养导向下的初中化学教学》一书，不仅会为各学科教师和教育理论工作者呈现有价值的学科教育变革范例，而且能为一线教师如何走向教育家型教师提供有益的借鉴。

李　赤

广州市教育学会副会长

教育专家工作室支持人

于 2024 年

前　言

在知识的海洋中，化学以其独特的魅力，吸引着无数探索者的目光。作为一门重要的基础科学，初中化学不仅仅是传递知识的桥梁，更是启迪思维、培养品格的沃土。在这本《德智融通 思行合一：核心素养导向的初中化学教学》中，我试图通过自身的教育实践与深入的思考，探讨如何将德育与智育有机融合，让学生在思行的过程中形成坚实的化学核心素养。

"德智融通"是我一直秉持的教育理念。德，即品德，是立人之本；智，即智慧，是求学之基。两者相互渗透、相互促进，共同构成了学生全面发展的基石。在化学教学中，我们不仅要传授学生化学知识，更要培养他们的科学精神、探究能力和社会责任感，使其在面对复杂的现实问题时，能够运用所学知识，做出明智的决策。

"思行合一"则是我对教育过程的深刻理解。思，即思考，是认知的起点；行，即行动，是知识的运用和实践。化学教学应该鼓励学生主动思考、大胆尝试，让他们在实验中观察、分析、交流、归纳，将所学知识内化为自己的能力，并在实践中不断检验和提升。

本书共分为五个章节。第一章"德智融通思行合一——我的教育思想"，在这一章中，我解读了我的教育思想以及该思想形成的背景和过程。我认为，只有在德育和智育上都取得显著成效的教育才是真正的成功教育。因此，我们应该注重培养学生的品德和智慧，让他们在思想和行为上都达到一定的境界；同时，我们也应该注重实现"思行合一"的教育目标，让教育的成果真正转化为学生的实际行动和社会贡献。第二章"新课程标准与初中化学核心素养内涵"，结合新课程标准，探讨初中化学核心素养的内涵和构成，为教学实践提供理论支撑。第三章"经历科学探究，促进思行合一"，阐述了我在教学过程中如何积极开展基础实验、趣味实验、探究实验和跨学科实践等研究，通过具体的教学案例，展示如何在科学探究中培养学生的思行合一能力。第四章"用爱启迪智慧，用心润泽心灵"，深入探讨了爱的力量在启迪智慧与润泽心灵方面的重要作用。通过无私的关爱和悉心的呵护，我们不仅能激发内在的智慧潜能，还能让心灵得到滋养和成长，实现全面的自我提升和超越。这一章节强调了爱在教育、成长和人生旅途中的核心地位。第五章"尊重学生差异，注重因材施教"，从教师的角度出发，探讨如何尊重学生的个性差异，实施因材施教，让每个学生都能在化学学习中找到自己的价值和乐趣，让每个生命都在化学课堂绽放精彩。

在撰写本书的过程中，我得到了导师李赤老师的悉心指导，也得到了许多同行的支持和帮助，汲取了丰富的教育实践经验和理论研究成果。在此，我要向他们表示衷心的感谢。同时，我也希望本书能为广大初中化学教师提供有益的参考和启示，共同推动初中化学教学的改革与发展。

让我们携手并进，在化学教学的道路上不断探索、创新，为学生的全面发展贡献自己的力量。

杨美珍

于 2024 年

目 录
CONTENTS

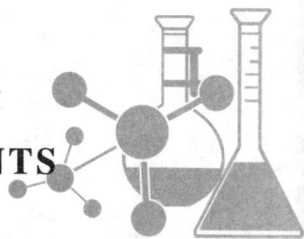

第一章　德智融通　思行合一：我的教育思想

2023 年 9 月 10 日，在第 39 个教师节到来之际，习近平总书记致信全国优秀教师代表，深刻阐释了中国特有的教育家精神的丰富内涵和本质要求，其中一个重要方面是"启智润心、因材施教的育人智慧"。这启示广大教师应遵循教书育人规律，既注重专业知识技能的传授，也注重价值观念的培育，根据学生特点进行教学活动。启智润心、因材施教的育人智慧凝练了中华优秀传统文化中的教育智慧，体现了对现代教育价值理念的融通和发展，为建设高质量教育体系指明了方向。从教 25 年，我一直坚持"德智融通　思行合一"的教育思想，通过探索各种教育教学方式，启迪学生的智慧，培养学生的能力，并把教书育人作为为师之本、执教之本，把立德树人根本任务落实到教书育人全过程。

第一节　我的教育思想解读

一、德智融通　立德树人

德智融通是指在教学过程中，将德育和智育有机结合起来，以培养学生品德和智力的双重优势为目标。强调学生的全面发展，注重培养学生的道德品质、智力水平和综合素质。德智融通要求教师在教学过程中注重学生的主体性。每个学生都有其独特的天赋和兴趣，教师需要关注学生的个性差异和需求，根据学生的实际情况进行教学设计，根据学生的特点制订个性化的教育方案，激发学生的学习兴趣和主动性。同时，教师还需要关注学生的学习进程和状态，及时调整教学策略以满足学生的需求。

德智融通教学思想中，德育为先是最基本的原则，教师需要注重培养学生的道德品质和人文素养，包括诚信、责任、尊重他人等基本价值观，通过引导学生参与社会实践、志愿服务等活动，塑造学生的良好品德和行为习惯，将德育贯穿于整个教学过程中。多元化教学是重要的教学方法，教师需要采用多种教学方式和手段，如项目式学习、探究式学习、合作学习等方法，通过案例分析、小组讨论、角色扮演等手段，引导学生主动思考和探索问题，启发学生从多个角度思考问题，以培养学生的创新精神和实践能力为重点。注重学生的个性发展和全面成长，培养学生的社会责任感和创新能力。聚焦核心素养，培养学生适应未来发展的正确价值观、必备品格和关键能力，引导学生明确人生发展方向，成长为德智体美劳全面发展的社会主义建设者和接班人。

二、手脑相长　思行合一

"手脑相长，思行合一"是一种强调实践、创新、知识掌握和情感态度相结合的教学理念。在这种理念指导下，学生通过动手实践，将所学知识转化为实际能力，同时锻炼创新思维，形成积极的学习态度和情感，培养和提高学科核心素养。

"人生两个宝，双手与大脑。用脑不用手，快要被打倒。用手不用脑，饭也吃不饱。手脑都会用，才算是开天辟地的大好佬。"陶行知先生这首脍炙人口的《手脑相长歌》，道出了手和脑统一的重要性。

化学是一门以实验为基础的学科，义务教育阶段的化学课程作为一门自然科学课程，具有基础性和实践性。学习化学可以帮助学生了解科学的基本原理和规律，培养学生的科学素养，包括对科学思维方式的理解和运用能力，对落实立德树人根本任务、促进学生德智体美劳全面发展具有重要价值。义务教育阶段的化学课程有利于激发学生对物质世界的好奇心，让他们对物质及其变化等基本化学观念形成认识，有利于培养学生的科学思维、创新精神与实践能力，使其养成科学态度和社会责任，为学生的终身发展奠定基础。

"手脑相长，思行合一"是我的教育思想，更是一种学习方式，它倡导学生在学习过程中充分动手实践，结合实际情况思考问题、解决问题，并将所学知识应用于实际生活中。初中化学是学习化学的基础阶段，它涵盖了许多基础的化学知识和实验操作技能。在初中化学中，应该倡导"手脑相长，思行合一"的学习方式。"手脑相长"意味着学生不仅仅要靠传统的课堂听讲和书本阅读来学习化学知识，还要通过进行实验操作、实践操作等活动，亲身体验化学反应过程，培养实践动手能力。学生可以通过制作实验装置、进行实验演示等方式来深化对化学概念的理解，并从实践中提出问题、思考问题。同时，通过实验结果的观察和分析，学生可以培养逻辑思维和分析问题的能力。"思行合一"指的是学生在学习过程中要充分思考所学化学知识的应用，将化学知识与实际生活联系起来。学生可以通过分析身边事物的组成和变化，探究化学知识在生活中的应用，从而提高化学学习的主动性和实用性。

第二节　我的教育思想提出的背景

一、初中化学教育教学现状

初中化学是学生首次系统学习化学知识的一门课程，由于学生在性格、思维等方面的差异，个体之间对于该门课程所表现出的兴趣也有着较大差别。例如，部分学生对于化学课有着浓厚的兴趣，而部分学生在学习化学时对于相关知识的理解存在着困难，导致其逐渐对该门课程失去兴趣。此外，教学方面普遍存在以下问题：教师的教学方式单一、教学时主要以机械性的知识传授为主，课堂枯燥；评价只以学生的学习成绩作为标准，缺乏对学生实践、思维能力的关注。在当前的初中化学教学中，普遍存在着学生动手机会少，动手能力差的现象。学生的动手机会较少导致其在学习化学知识时仅仅是对抽象的知识内容进行了解或记背，难以形成对知识点更加深刻的认识和理解。同时，学生动手机会较少还导致其实践能力无法得到有效的提高，学生对于化学现象缺乏思考，不利于学生化学学习能力的提高。

二、培养崇尚科学、严谨求实、追求真理的社会主义接班人的需求

（一）国家培养人的目标需求

《中华人民共和国教育法》第六条提出：教育应当坚持立德树人，对受教育者加强社会主义核心价值观教育，增强受教育者的社会责任感、创新精神和实践能力。

（二）课程改革需求

2021年6月，国务院印发的《全民科学素质行动规划纲要（2021—2035

年)》指出应将科学精神融入课堂教学和课外实践活动；培养学生爱国情怀、社会责任感、创新精神和实践能力。2021年教育部等部门发布的《义务教育质量评价指南》指出，要进行学生发展质量评价，主要包括劳动与社会实践等重点内容，培养适应终身发展和社会发展需要的正确价值观、必备品格和关键能力。

2022年的新课程标准对义务教育阶段的化学课程目标提出了以下4个方面的要求：形成化学观念，解决实际问题；发展科学思维，强化创新意识；经历科学探究，增强实践能力；养成科学态度，具有责任担当。这些目标的实现，离不开实践活动，手脑相长能实现动手实践与思维能力的相互促进，提高学生的实践能力和创新思维，使学生能够将所学的理论知识应用于实际实验中，从而更好地理解和掌握化学知识，培养学生崇尚科学、严谨求实、大胆质疑、追求真理、勇于创新的科学精神，提高学生的科学素养和实验能力。

2023年教育部办公厅《基础教育课程教学改革深化行动方案》指出要聚焦核心素养导向的教学设计、学科实践（实验教学）、跨学科主题学习；加强科学教育实践活动；结合科学课程标准，设计相应的科学实践活动，组织学生在实践探究中学习，培养科学精神、提升科学素质。

三、手脑相长，思行合一对初中化学学习的重要性

（一）手脑相长，注重提高学生的实践能力

手脑相长的学习方法，要求学生通过实践操作来检验和验证理论知识。在初中化学学习中，学生通过亲自进行实验操作，可以更直观地观察和体验化学现象，培养科学思维和实践能力。通过实验操作，学生可以发现问题、解决问题，并培养对化学现象的观察和分析能力，提高自己的科学思维能力。

初中化学学习需要学生具备一定的动手实践能力，通过实验操作可以帮助学生培养和提高这方面的能力。通过实践操作，学生能够亲自操作仪器、调配试剂、观察实验现象等，提高自己的动手实践能力。而且，实验操作还可以培养学生的观察力、注意力和耐心，提高学生的实验技能。

（二）手脑相长在初中化学实验教学中的应用

（1）实验设计与操作：要求学生能够根据实验目的和要求，合理设计实验方案并进行实际操作。学生需要掌握实验操作的基本技能，如量取物质、配

制溶液、进行过滤、加热等。此外，还要求学生能够正确使用和保养实验器材、仪器和设备。

（2）简单地分析和总结。学生应当养成仔细、准确地观察实验现象和进行实验记录的习惯，培养科学态度和实验思维。

（3）实验数据处理与分析：要求学生能够正确处理实验数据，如观察数据规律、归纳总结等。学生还需要能够根据实验结果分析问题，运用所学知识进行合理解释。

（4）实验安全意识与操作技能：要求学生具备实验安全意识，能够正确使用实验器材和仪器，并严格遵守实验室安全操作规程。学生需要学习实验室的基本安全知识，如化学品的危害性、安全操作规程等，并能够熟练掌握实验操作中的安全技能，如正确佩戴实验室安全用具、避免实验物品的溅泼等。

研究发现，通过实验操作，学生能够更直观地理解化学知识。因此，在初中化学教学中，应重视手脑相长的培养和应用，在学习化学知识的同时，积极动手，让学生在"做中学"，进行安全、规范的实验操作，完成化学实验任务，培养学生严谨细致的科学态度，开展科学探究与实践，参与社会调查实践，能用简单的技术与工程的方法初步解决与化学有关的实际问题，培养学生的合作能力和解决问题的能力。同时，在动手实践的过程中，学生能通过运用观察、实验、调查等手段获取化学事实。通过运用比较、分类、分析、归纳、推理等多种方法，基于实验事实进行证据推理、建构模型并推测物质成分及其变化，在解决与化学相关的真实问题中形成质疑能力、批判能力和创新意识，实现手脑相长，思行合一，提高学生的核心素养。

（三）思行合一，注重提升学生的思考能力

初中化学作为一门实践性较强的学科，不仅需要学生掌握基础理论知识，还要求学生具备思行合一的能力，即在实践中不断提升自身的思考能力。我在教学中主要是从以下几方面提升学生的思考能力的：

1. 问题的提出与解决

在化学学习中，学生首先要具备发现问题、提出问题的能力。问题可以从课本知识中寻找，也可以在实验过程中发现。提出问题后，学生需要运用所学知识，通过思考和实践去解决问题。这个过程不仅有助于学生深入理解知识，更能培养学生的创新思维和解决问题的能力。

2. 推理与判断

化学学习中，学生需要具备一定的推理和判断能力。推理是根据已知事实

或原理，推导出新的结论或假设。判断则是根据推理结果，对事物进行价值判断或因果分析。通过反复的推理和判断练习，让学生更好地理解化学知识的内在联系，提升自身的逻辑思维能力。

3. 假设与实验设计

假设是科学研究中的重要环节，是根据已知事实提出的尚未证实的新观点。实验设计是在假设的基础上，设计出具体的实验方案。学生在提出假设后，需要通过实验进行验证。这个过程不仅有助于培养学生的探究精神，还能提高学生的实验设计和操作能力。

4. 观察与记录

观察和记录是实验过程中的基本技能。观察需要学生细致入微地观察实验过程中的各种现象，记录则需要及时、准确地记录观察结果。通过观察和记录，学生可以获取丰富的实践经验，为后续的实验操作和理论学习提供有力支持。

5. 整理与归纳

整理与归纳是学生对所学知识进行系统化、结构化处理的过程。整理是将所学知识按照一定的逻辑关系进行分类整理，使知识更具条理性和系统性。归纳则是将零散的知识点进行总结归纳，得出具有普遍性的结论。通过整理与归纳，学生可以更好地理解知识内在联系，形成完整的知识体系。

6. 表达与交流

表达与交流是化学学习中不可或缺的环节。表达是学生将所学知识通过口头或书面形式表达出来，交流则是学生之间分享学习心得和研究成果的过程。通过表达和交流，学生可以更好地理解知识，提高自身的表达能力，拓宽视野，激发学习热情。

初中化学思行合一，注重提升学生的思考能力，不仅要求学生掌握基础理论知识，还要求学生具备实践能力、创新精神、批判性思维等多方面的能力。学生在学习过程中，应当积极参与课堂讨论、实验操作等活动，勤于思考、善于实践，不断提高自身的思考能力和综合素质。同时，教师也应当注重引导学生在学习过程中发挥主观能动性，培养学生的探究精神和创新能力，为学生的全面发展提供有力支持。

（四）以生为本，注重培养学生的质疑能力

在初中化学教学中，质疑能力和创新思维的培养，需要教师结合班级学生的整体情况，根据学生的学习情况、兴趣偏好、心理需求等情况因材施教制订

培养方式与方法。因此，我在制订培养规划之前会具体观察或者调查班级的整体情况，本着以生为本的原则，站在学生角度考虑。在具体的实践中，一方面通过调查法，询问班级整体学生或者部分学生对化学学科的看法以及在学习过程中的感悟和疑问；另一方面结合观察法，观察学生在真实环境下化学学习的特点和不足。我主要从以下几方面提升学生的质疑能力：

1. 鼓励学生提问

提问是思考的开始，是获取知识的途径。在教学过程中，我经常鼓励学生大胆提问，发表自己的看法和见解。即使学生提出的问题不太合理，也及时给予适当的肯定和鼓励，以保护学生的积极性和自信心。想办法引导学生逐步完善自己的问题，使其更加合理和有价值。

2. 营造质疑氛围

营造一个鼓励质疑的氛围，让学生能够自由地表达自己的观点和质疑。在教学过程中，我充分尊重学生的个性和差异，营造一个平等、民主、宽松的教学环境。学生可以自由地发表看法，提出问题，与教师同学进行交流和讨论。

3. 培养质疑意识

要培养学生的质疑能力，首先要培养学生的质疑意识。在教学过程中，教师要引导学生认识到质疑的重要性，让学生明白只有通过质疑才能深入了解事物的本质和规律。同时，教师要让学生明白质疑是一种能力，是需要不断培养和锻炼的。

4. 教授质疑方法

要培养学生的质疑能力，教师还需要教授学生质疑的方法。例如，如何判断一个观点是否合理，如何找到问题的关键点，如何进行推理和论证等。在教学过程中，我经常结合具体的问题和实例，引导学生养成随时提问、随时质疑的习惯，引导学生掌握质疑的方法和技巧。同时，我还通过布置一些开放性的问题或任务，让学生自主思考和探索，从而逐步培养质疑的习惯。

5. 激励质疑精神

要培养学生的质疑能力，教师还需要激发学生的质疑精神。在教学过程中，我结合实际情况，引导学生认识到质疑的重要性，并给予学生适当的激励和鼓励。例如，我经常表扬那些敢于质疑的学生，设立"勤思好学"奖励机制等。

6. 培养批判思维

批判思维是质疑能力的重要组成部分，是学生进行有效质疑的关键。教师要让学生掌握批判性思维方法，如分析、推理、归纳、演绎等，从而使学生能够从多个角度对观点进行评判和分析。此外，教师还可以通过辩论、讨论等方式，让学生在交流中拓展思路，提高批判性思维能力。

总之，培养学生的质疑能力是教学过程中不可或缺的一部分。教师要鼓励学生提问，营造有利于质疑的氛围，培养质疑意识，教授质疑方法，激励质疑精神，引导质疑习惯，同时培养学生的批判思维。通过这些措施，可以有效地提高学生的质疑能力，促进学生全面发展。

在知识经济时代，恪守职责、有崇高的事业心已经不足以满足人们对优秀教师的要求了，时代呼唤具有更多专业特长的专家型的优秀教师。教师职业的专业化是社会进步的必然要求，是教师教育发展的方向。教师要以合理的知识结构为基础，具有专门的教育教学实践能力，并能有效地、创造性地解决教育教学领域中的问题。教师要读书、要反思、要研究；教师应具备创新精神；要转变教育观念，营造良好氛围；要改变评价观念，注重课后反思；要用新理念指导教育教学工作；要鼓励学生独立思考，引导学生自主探索、合作交流；培养学生应用知识和解决问题的能力。

所以，在以后的教学中，我会继续通过手脑相长和思行合一的方式培养学生的核心素养，包括动手能力、逻辑思维能力、问题分析能力、理论运用能力、科学素养等，注重学生的自主发展、合作参与、创新实践，为培养学生适应个人终身发展和社会发展所需要的必备品格和关键能力而努力探索。

第三节　我的教育思想形成的过程

一、学生时代老师对我的影响

上小学时，我是个不爱背诵的学生，这导致一至四年级，我的语文测验成绩总在 70 分左右。五年级时，我非常幸运地遇到了新班主任杨老师，杨老师同时也是我们班的数学老师，他真诚地关爱着每个学生。细心的杨老师很快发现了我的问题，数学常常考满分的我，语文成绩不理想，尤其是作文，词不达意、语句不通。他就用课间和放学后的时间，亲自抓我背诵，由于我本身是不情愿的，背诵也是为了应付老师，突击完后没几天就忘了，语文成绩仍然进步不明显。有一天，杨老师送给我一个精致的笔记本，让我每天坚持写日记，叫我上学、放学路上仔细观察景色、遇到的人和碰到的事情，课间或课堂学会观察老师、同学的特点，并尝试用语言记录下来。因为特别喜欢这本笔记本，我开始笨拙地写日记。每天的日记，杨老师都给我面批，教我写作方法，并表扬我写得较好的句子或段落。在一节班会课上，杨老师给全班同学朗读一篇文章，读完以后，让同学们猜这是班里哪位同学写的，大家把班里语文成绩好的同学猜遍了，当老师告诉大家作者是我时，同学们先是很诧异，接着热烈鼓掌，这一幕，让我终生难忘，其实，那篇作文杨老师给我改了三次。自此，我背诵的热情和写作的兴趣与日俱增，我徜徉在古诗词和中外名著的海洋里，品读经典，感受书香魅力。我的作文经常被当作范文朗读和展示，初中阶段，我有两篇文章发表在当时的《学语文》杂志上，高考语文我以 131 分的成绩获得全市第二名。现在回忆起来，作为班主任，杨老师针对班里每个同学的特点，因材施教，每个课间，他都会找同学谈心，对于那些性格内向、不愿意与人交流的同学，放学后他亲自带他们去打球、去运动，通过体育比赛促进同学间的交流，让那些不爱说话的同学慢慢变得开朗起来。他经常鼓励我们学会观察身边的事和人，细心感受周围的世界，寻找和发现普通事物的美，鼓励我们写真情实感的作文。那时每周一节的作文课，是全班同学翘首以盼的时刻，期待自己的作文被老师宣读，喜欢在老师的指导下猜测同学的作文写的是谁，或写的是家乡的哪个景点等，每次作文课，同学们都热情洋溢、意犹未尽。杨老师用他的仁爱之心和教学智慧，让我们全班同学不用上六年级直接考入初中。

当我走向教师岗位时，我就立志像杨老师一样，春风化雨育桃李，润物无声撒春晖。工作以来，为了鼓励每个孩子都学好化学，我一直坚持"以生为本、以学定教"的教育理念。年年带初三，每接手一个班级，我坚持做到：三个星期内记住每个学生的名字；踏上讲台要"胸有成竹"；提前 2 分钟进教室了解学生的思想状态，当发现学生状态不好时，我会给予及时的关注和帮助，引导学生放下包袱，认真上课。对于基础较差、上课喜欢趴桌的学生，我上课前找他们谈话，了解他们的困难，鼓励他们上课认真参与，课堂上尽可能创造机会给他们，如请他演示实验或描述实验现象，或回答精心为他们准备的问题，课后我会继续帮助他们。教学过程中，我会根据学生的身体状态和思想状况灵活改变自己的教学方式。积极探索，摸索出了一套以学生为主体、以小组合作为主要形式的化学教学风格。我的课堂气氛和谐轻松，课堂模式灵活，有小组互助学习模式、实验探究课堂模式、学案式课堂模式、学生小教师执教模式等。丰富多变的课堂，使学生兴趣浓厚，课堂效率高，课后作业少。多年来我所带班级的化学成绩在平行班中名列前茅，中考成绩优异，后进生成绩提高显著，很多基础非常差的学生，因为喜欢化学，从化学学科获得了学习的动力，提高了学习的兴趣，最后整体成绩都在不断进步，学生的精神面貌也焕然一新，更加积极阳光。我以自己的工作实绩赢得了学生和家长的信任，得到了学校和社会的肯定。24 年来，我的教学满意度调查都是 100%，我多次被学生评为"最受欢迎的老师"。

二、教育家思想对我的引领

工作中，我对自己的教育教学经验不断进行总结。为了让学生学得轻松，学得有效，我不断地反思，正如于漪老师所说："我不断反思，我一辈子上的课，有多少是上在黑板上的，有多少是教到学生心中的。"而要把化学课上到学生的心中，动手实践必不可少。正如教育家蒙台梭利所说的："我看到了，我忘记了；我听到了，我记住了；我做过了，我理解了。"这些思想告诉我，教育教学，不只是教会学生书本上的知识，更要让学生通过动手，通过实践，学以致用，解决生活中的实际问题，体会到生活处处皆化学的道理。

工作的第一年，在学完"水的净化"这部分知识后，我让学生自制净水器，由于缺乏引导和实践，学生只能是根据课本的图片，依葫芦画瓢，做出来的净水器千篇一律。第二年，学习这部分知识时，我带领学生利用周末的时间去珠海市自来水厂和污水厂参观，真正了解了污水处理和净水程序，再让学生制作净水器或撰写科学小论文，这次的作品非常丰富，有 2 位同学的自制净水器获得珠海市科技创新大赛的一等奖，有 1 位同学的家庭简易污水处理器获得二等奖，13 位同学写作的节水小论文获奖。这两年的对比，让我深刻认识到手脑相长，思行合一，才能培养学生的探索精神和创新精神，才能培养学生日后创造大千的本领。

自此以后，我和学校的其他化学老师一起，开发了《珠海市第一中学化学实验课程》的校本教材，我们从课堂演示实验、学生分组实验、课后探究实验、家庭小实验、趣味实验 5 个方面开展化学实验课程，学生分组实验的开出率超过了 150%，通过 5 类实验，极大地激发了学生的兴趣，培养了学生的创新意识和创造力。我校学生在历届科技创新比赛中取得优异成绩，在天原杯全国初中化学竞赛中多人获得省级以上一等奖，我本人自 2000 年至 2006 年 7 次荣获"初中化学竞赛全国园丁奖"。

第二章　新课程标准与初中化学核心素养内涵

2022 年 3 月教育部印发了新修订的《义务教育课程方案和课程标准（2022 年版）》，该文件以习近平新时代中国特色社会主义思想为指导，落实立德树人根本任务，强调育人为本，依据"有理想、有本领、有担当"时代新人培养要求，明确了义务教育阶段的培养目标。

第一节　新课程标准对育人工作的新要求

习近平总书记多次强调，课程教材要发挥培根铸魂、启智增慧的作用，必须坚持马克思主义的指导地位，体现马克思主义中国化最新成果，体现中国和中华民族风格，体现党和国家对教育的基本要求，体现国家和民族基本价值观，体现人类文化知识积累和创新成果。

义务教育课程规定了教育目标、教育内容和教学基本要求，体现国家意志，在立德树人中发挥着关键作用。2001 年颁布的《义务教育课程设置实验方案》和 2011 年颁布的义务教育各课程标准，坚持了正确的改革方向，体现了先进的教育理念，为基础教育质量提高作出了积极贡献。随着义务教育全面普及，教育需求从"有学上"转向"上好学"，必须进一步明确"培养什么人、怎样培养人、为谁培养人"，优化学校育人蓝图。当今世界科技进步日新月异，网络新媒体迅速普及，人们生活、学习、工作方式不断改变，儿童青少年成长环境深刻变化，人才培养面临新挑战。义务教育课程必须与时俱进，进行修订完善。

一、指导思想

以习近平新时代中国特色社会主义思想为指导，全面贯彻党的教育方针，遵循教育教学规律，落实立德树人根本任务，发展素质教育。以人民为中心，扎根中国大地办教育。坚持德育为先，提升智育水平，加强体育美育，落实劳动教育。反映时代特征，努力构建具有中国特色、世界水准的义务教育课程体系。聚焦中国学生发展核心素养，培养学生适应未来发展的正确价值观、必备品格和关键能力，指导学生明确人生发展方向，成长为德智体美劳全面发展的社会主义建设者和接班人。

二、修订原则

（一）坚持目标导向

认真学习领会习近平总书记关于教育的重要论述，全面落实有理想、有本领、有担当的时代新人培养要求，确立课程修订的根本遵循。准确理解和把握中共中央、国务院关于教育改革的各项要求，全面落实习近平新时代中国特色社会主义思想，将社会主义先进文化、革命文化、中华优秀传统文化、国家安全、生命安全与健康等重大主题教育有机融入课程，增强课程思想性。

（二）坚持问题导向

全面梳理课程改革的困难与问题，明确修订重点和任务，注重对实际问题的有效回应。遵循学生身心发展规律，加强一体化设置，促进学段衔接，提升课程科学性和系统性。进一步精选对学生终身发展有价值的课程内容，减负提质。细化育人目标，明确实施要求，增强课程指导性和可操作性。

（三）坚持创新导向

既注重继承我国课程建设的成功经验，也充分借鉴国际先进教育理念，进一步深化课程改革。强化课程综合性和实践性，推动育人方式变革，着力发展学生核心素养。凸显学生主体地位，关注学生个性化、多样化的学习和发展需求，增强课程适宜性。坚持与时俱进，反映经济社会发展新变化、科学技术进步新成果，更新课程内容，体现课程时代性。

三、主要变化

（一）关于课程方案

一是完善了培养目标。全面落实习近平总书记关于培养担当民族复兴大任时代新人的要求，结合性质及课程定位，从有理想、有本领、有担当三个方面，明确义务教育阶段时代新人培养的具体要求。

二是优化了课程设置。落实党中央、国务院"双减"政策要求，在保持义务教育阶段九年 9 522 总课时数不变的基础上，调整优化课程设置。将小学原品德与生活、品德与社会和初中原思想品德整合为"道德与法治"，进行一体化设计。改革艺术课程设置，一至七年级以音乐、美术为主线，融入舞蹈、戏剧、影视等内容，八至九年级分项选择开设。将劳动、信息科技从综合实践活动课程中独立出来。科学、综合实践活动起始年级提前至一年级。

三是细化了实施要求。增加课程标准编制与教材编写基本要求；明确省级教育行政部门和学校课程实施职责、制度规范，以及教学改革方向和评价改革重点，对培训、教科研提出具体要求；健全实施机制，强化监测与督导要求。

（二）关于课程标准

一是强化了课程育人导向。各课程标准基于义务教育培养目标，将党的教育方针具体化、细化为本课程应着力培养的核心素养，体现正确价值观、必备品格和关键能力的培养要求。

二是优化了课程内容结构。以习近平新时代中国特色社会主义思想为统领，基于核心素养发展要求，遴选重要观念、主题内容和基础知识，设计课程内容，增强内容与育人目标的联系，优化内容组织形式。设立跨学科主题学习活动，加强学科间相互关联，带动课程综合化实施，强化实践性要求。

三是研制了学业质量标准。各课程标准根据核心素养发展水平，结合课程内容，整体刻画不同学段学生学业成就的具体表现特征，形成学业质量标准，引导和帮助教师把握教学深度与广度，为教材编写、教学实施和考试评价等提供依据。

四是增强了指导性。各课程标准针对"内容要求"提出"学业要求""教学提示"，细化了评价与考试命题建议，注重实现"教—学—评"一致性，增加了教学、评价案例，不仅明确了"为什么教""教什么""教到什么程度"，而且强化了"怎么教"的具体指导，做到好用、管用。

五是加强了学段衔接。注重幼小衔接，基于对学生在健康、语言、社会、科学、艺术领域发展水平的评估，合理设计小学一至二年级课程，注重活动化、游戏化、生活化的学习设计。依据学生从小学到初中在认知、情感、社会性等方面的发展，合理安排不同学段内容，体现学习目标的连续性和进阶性。了解高中阶段学生特点和学科特点，为学生进一步学习做好准备。

在向着第二个百年奋斗目标迈进之际，实施新修订的《义务教育课程方案和课程标准（2022 年版）》，对推动义务教育高质量发展、全面建成社会主义现代化强国具有重要意义。希望广大教育工作者勤勉认真、行而不辍，不断创新实践，把育人蓝图变为现实，培育一代又一代有理想、有本领、有担当的时代新人，为实现中华民族伟大复兴作出更新、更大的贡献！

第二节　初中化学新课程的性质和理念

一、课程性质

化学是研究物质的组成、结构、性质、转化及应用的一门基础学科，其特征是从分子层次认识物质，通过化学变化创造物质。化学是自然科学的重要组成部分，与物理学共同构成物质科学的基础，是材料科学、生命科学、环境科学、能源科学、信息科学和航空航天工程等现代科学技术的重要基础。化学是推动人类社会可持续发展的重要力量，在应对能源危机、环境污染、突发公共卫生事件等人类面临的重大挑战中发挥着不可替代的作用。

义务教育阶段的化学课程作为一门自然科学课程，具有基础性和实践性，对落实立德树人根本任务、促进学生德智体美劳全面发展具有重要价值。义务教育阶段的化学课程有利于激发学生对物质世界的好奇心，形成物质及其变化等基本化学观念，发展科学思维、创新精神与实践能力，养成科学态度和社会责任，为学生的终身发展奠定基础。

二、课程理念

1. 充分发挥化学课程的育人功能

义务教育阶段的化学课程以习近平新时代中国特色社会主义思想为指导，全面贯彻党的教育方针，落实立德树人根本任务，培养有理想、有本领、有担当的时代新人。化学课程立足学生的生活经验，反映人类探索物质世界的化学基本观念和规律，融入社会主义核心价值观的基本内容和要求，传承中华优秀传统文化；注重学生的自主发展、合作参与、创新实践，培养学生适应个人终身发展和社会发展所需要的必备品格、关键能力，引导学生形成正确的世界观、人生观和价值观，厚植爱国主义情怀，树立为实现中华民族伟大复兴和推动社会进步而奋斗的崇高追求。

2. 整体规划素养立意的课程目标

义务教育阶段的化学课程对核心素养的要求，既重视与小学科学课程和高中化学课程的衔接，又关注与义务教育阶段其他有关课程的关联。化学课程既强调化学学科及科学领域的核心素养，又反映未来社会公民必备的共通性素养，倡导学会学习、合作沟通、创新实践，从化学观念、科学思维、科学探究与实践、科学态度与责任等方面，全方位构建课程目标和学业质量体系。

3. 构建大概念统领的化学课程内容体系

精心选择促进学生核心素养发展的化学课程内容，注重结合学生已有生活经验，反映化学科学发展的新成就，体现化学课程内容的基础性、时代性和实践性，注重学科内的融合及学科间的联系，明确学习主题，凝练大概念，反映核心素养在各学习主题下的特质化内容要求。

每个学习主题围绕大概念选取多维度的具体学习内容，既包括核心知识，又包括对思维方法、探究实践和情感态度价值观等方面的要求，充分发挥大概念对实现知识的结构化和素养化的功能价值。

4. 重视开展核心素养导向的化学教学

聚焦学科育人方式的转变，深化化学教学改革。基于大概念的建构，整体设计和合理实施单元教学，注重启发式、互动式、探究式教学，引导学生自主学习，开展以化学实验为主的多样化探究活动；创设真实问题情境，倡导"做中学""用中学""创中学"，开展项目式学习，重视跨学科实践活动。基于每个学习主题的特点与核心素养发展的具体目标，提供有针对性的教学策略建议、情境素材建议和学习活动建议。

5. 倡导实施促进发展的评价

树立科学评价观，重视发挥评价的育人功能。依据核心素养导向的课程目标，设计学业质量和各学习主题的学业要求，为评价的设计、实施提供依据和指导。改进终结性评价，探索核心素养立意的命题，科学设计评价工具，重视评价学生的化学观念、科学思维、科学探究与实践、科学态度与责任等核心素养；加强过程性评价，关注学生在化学学习活动中的表现，基于证据诊断学生核心素养的发展水平，实现"教—学—评"一体化；深化综合评价，探索增值评价，注重提高学生自我评价、自我反思的能力，引导教师合理运用评价结果改进教学，实现以教促学、以评促教，发挥评价的育人功能。

第三节　初中化学核心素养内涵

一、核心素养的内涵

教育部在《关于全面深化课程改革　落实立德树人根本任务的意见》中，明确把核心素养的内涵界定为"学生应具备的适应终身发展和社会发展需要的必备品格和关键能力"。为什么是品格和能力？这是因为必备品格是一个人做人的根基，是幸福人生的基石；关键能力是一个人做事的根基，是成功人生的基石。品格指的是人在人文维度上的素质（人文情怀），一个健全的人必须同时具备科学精神和人文情怀。品格是人作为主体最富有人性的一种本质力量，内蕴着人的道德性、精神性与利他性；能力则是人作为主体最引以为傲的一种本质力量，内蕴着人的创造性、能动性与内发性。

哲学家罗素认为，智慧不足和道德缺陷是人类灾难的两大根源。无论是对于个人的发展，还是对于社会的进步，智慧（能力）和道德（品格）都是具有决定性的两种力量，缺一不可。对于这一点，我们甚至可以从"人"字本身得到启迪。"人"字一撇一捺，一撇代表品格，一捺代表能力，两者相互扶持，相互支撑，才形成一个完美的人。它告诉我们，一个真正的人必须是德与才的和谐统一。高洁的品格和卓越的才干不仅是有志者腾飞的双翼，也是其终身的奋斗目标。

能力与品格是人的两种最宝贵的精神财富。一方面，它们具有相对的独立性，表现为它们有各自的内涵、特点和形成机制。另一方面，它们又具有内在的关联性，表现为彼此在内涵上有交叉，在形成上相互促进。在核心素养的形成上，我们强调两者的互动和融合。就实际表现而言，核心素养指的是个体在面对复杂的、不确定的现实生活情境时，能够综合运用特定学习方式所孕育出来的跨学科观念、思维模式和探究技能，结构化的跨学科知识和技能，以及包括世界观、人生观和价值观在内的动力系统，进行分析情境、提出问题、解决问题、交流结果的综合性品质。比如科学探究能力，就是个体在各种情境下持之以恒地观察现象，研究问题，形成猜想、假设或解释，通过一系列方法获取数据，对猜想或假设进行反复论证的过程中所表现出来的一种品质。

从基础教育的角度讲，必备品格就是具有基础性、生长性、公共性、关键性特征的品格。就其本质而言，品格处理的是人的关系。这种关系包括人与自我的关系、人与他人的关系、人与事情（工作、学习）的关系。据此，人必备的三种核心品格是：表现在人与自我关系上的自律（自制）、表现在人与他人关系上的尊重（公德）、表现在人与事情关系上的认真（责任）。

有了自律就遏制了恶的源头，有了尊重就有了善的开端，有了认真就有了进步的动力。这是最基本、最重要的品格，从根本上保证了人性的方向和内涵。其他良好的品格都是基于它们而形成和发展起来的。

然而，多年来，我们的学校教育忽略了对学生必备品格的培养，使学生在人格、道德、情感等方面出现了各种偏差和失误，以致有些学生对生命、对他人、对世事愈来愈冷淡、冷漠甚至冷酷，最终酿成了很多悲剧。因为我们的社会和教育过分关注能力和才华，而忽视了品德，所以我们应将立德树人摆在学校教育的首要位置。要知道，教育的终极使命是引导学生成为好人，成为具有人类美德的人。正如选择出家为僧的生物学博士马修在《僧侣与哲学家》一书中所说："我一直有很多机会接触许多极有魅力的人士，可是他们虽然在自己的领域中都是天才，但其才华未必使他们在生活中达到人性的完美。具有那么多的才华、那么多的知识和艺术性的技巧，并不能让他们成为好的人。一位伟大的诗人可能是一个混蛋，一位伟大的科学家可能对自己很不满，一位艺术家可能充满着自恋的骄傲。"

学校教育为什么强调关键能力和必备品格？从个人角度讲，我们很难预测未来个人发展与社会生活需要什么样的品格与能力，个人在受教育期间唯有发展关键能力与必备品格，打好基础和根基，才能以不变应万变，从容应对未来发展的需要。从学校角度讲，学校教育要解决的主要矛盾是无限的知识与有限的学习时间之间的矛盾。具体来说，由于知识呈几何级数增长，能力呈几何级数分化，学校教育是无法穷尽知识与能力的；由于社会生活愈加纷繁复杂，价值取向变得更加多元，学校教育也无法培养能够应对所有社会问题的各种素质。因此，学校教育只有专注于培养关键能力与必备品格，才能体现出其教育的有效性。

二、初中化学核心素养的内涵

核心素养是学科育人价值的集中体现，是学生通过课程学习而逐步形成的适应个人终身发展和社会发展所需要的正确价值观、必备品格和关键能力。化学课程要培养的核心素养，主要包括化学观念、科学思维、科学探究与实践、科学态度与责任，是学生发展核心素养在化学课程中的具体化，反映了义务教育阶段的化学课程的教育价值与育人功能，体现了化学学科育人的基本要求，全面展现了化学课程学习对学生发展的重要价值。

1. 化学观念

化学观念是人类探索物质的组成与结构、性质与应用、化学反应及其规律所形成的基本观念，是化学概念、原理和规律的提炼与升华，是认识物质及其变化，以及解决实际问题的基础。化学观念主要包括：物质是由元素组成的；物质具有多样性，可以分为不同的类别；物质是由分子、原子构成的，物质结构决定性质，物质性质决定用途；化学变化有新物质生成，其本质是原子的重新组合，且伴随着能量变化，并遵循一定的规律；在一定条件下通过化学反应可以实现物质转化等。

2. 科学思维

科学思维是在化学学习中基于事实与逻辑进行独立思考和判断，对不同信息、观点和结论进行质疑与批判，提出创造性见解的能力；是从化学视角研究物质及其变化规律的思路与方法；是从宏观、微观、符号相结合的视角探究物质及其变化规律的认识方式。科学思维主要包括：在解决化学问题中所运用的比较、分类、分析、综合、归纳等科学方法，基于实验事实进行证据推理、建构模型并推测物质及其变化的思维能力，在解决与化学相关的真实问题中形成的质疑能力、批判能力和创新意识。

3. 科学探究与实践

科学探究与实践是指经历化学课程中的实验探究，基于学科和跨学科实践活动形成的学习能力；是综合运用化学等学科的知识和方法，通过一定的技术手段，在解决真实情境问题和完成综合实践活动中展现的能力与品格。科学探究与实践主要包括：以实验为主的科学探究能力，通过网络查询等技术手段获取和加工信息的自主学习能力，运用简单的技术与工程方法设计、制作与使用相关模型和作品的能力，参与社会调查实践、提出解决实际问题初步方案的能力，与他人分工协作、沟通交流、合作问题解决的能力等。

4. 科学态度与责任

科学态度与责任是指通过化学课程的学习，在理解科学、技术、社会、环境相互关系的基础上，逐步形成的对化学促进社会可持续发展的正确认识，以及所表现的责任担当。科学态度与责任主要包括：发展对物质世界的好奇心、想象力和探究欲，保持对化学学习和科学探究的浓厚兴趣；对化学学科促进人类文明和社会可持续发展的重要价值具有积极的认识；具有严谨求实的科学态度，敢于提出并坚持自己的见解、勇于修正或放弃错误观点、反对伪科学的科学精神；遵守科学伦理和法律法规，具有运用化学知识对生活及社会实际问题作出判断和决策的意识；形成节约资源、保护环境的习惯，树立生态文明的理念；热爱祖国，增强为实现中华民族伟大复兴和推动社会进步而勤奋学习的责任感。

第四节　注重宏观微观符号三重表征

　　化学是一门以实验为基础的自然科学，初中化学教学应当注重培养学生的实验探究能力和宏观、微观分析能力，以及运用化学符号表征化学反应的能力。义务教育阶段化学新课程标准要求初三的学生能够用化学用语表示生活中简单的物质以及化学反应，解释一些简单的现象。但是，实际情况并非如此。在近几年的教育实践中，笔者发现初三的学生在学习化学过程中，刚开始兴趣盎然，但是在学习分子、原子以及元素符号之后，学生的学习开始出现分化现象，有30%～40%（依据多个学校化学教师的测试成绩统计）的学生感觉化学难学、听不懂、没有兴趣，不能够达到上述目标。这种现象应引起我们的关注。

　　初三的学生化学学习的障碍来自各个方面，但最大的困难是对于化学符号和具体的宏观物质与微观物质的认知不能产生联系。调查表明：初中阶段学习化学，符号表征的分化作用最大。因此，教师在初中化学教学中应重视学生的三重表征过程，突破化学用语学习困难造成的学习分化现象，提高化学教学效果。

（一）化学学科思维方式的特殊性

1. 初三学生化学学习的认知特点

　　化学是一门研究物质的组成、结构、性质和变化规律的科学，由于化学学科的特点，要求学生从不同的角度去认识物质：物质的性质体现在宏观上，要求学生认真地观察；物质的组成结构等微观理论则是通过让学生理解、想象，从而认识物质的本质；化学符号则是化学学科独特的表达方式，运用化学符号来代表事物，把化学符号作为思维演算的工具和媒介而进行的思维活动方式就是化学符号思维。因为，化学学科的特点要求学生从宏观、微观、符号三个层面去认知化学知识。所以，教师必须重视学生心理上的宏观表征、微观表征及其符号表征的形成及融合的问题。

2. 三重表征的含义

表征是指信息在人脑中记载和呈现的方式。宏观表征是指物质外在可观察的现象在学习者头脑中的反映，在化学学科中具体指物质的物理性质和化学性质的外在表现。当进行木炭在氧气中燃烧实验时，学生通过观察木炭可感知木炭是黑色的固体，氧气是无色气体；通过闻氧气的气味得出氧气是没有气味的，同时，通过实验知道木炭燃烧是需要氧气的；通过观察发光的实验现象以及触摸瓶壁得知木炭燃烧放出热量，从而完成一系列的直观感知，形成对物质的宏观表征的认识。宏观表征的难度不大且有记忆再现性。

微观表征是不能直接被观察到的，主要指物质的微观组成和结构、微观粒子的运动及相互作用等微观属性在学习者头脑中的反映。学生微观表征的形成，需要通过想象来完成，而学生缺乏这方面的想象力，所以教师应通过模型展示、多媒体演示或生活中相类似的事物作比喻等手段来帮助学生理解。例如，讲原子的构成时，可将原子核比作放在十层大楼的一个小枣，电子在大楼的空间里不停地运动。借此帮助学生理解原子不是一个实心球体。

符号表征是指由拉丁文和英文字母组成的符号和图形符号在学习者头脑中的反映。它属于人们认识的第二信号系统，间接地反映了事物的本质，因而符号表征的学习比较困难。符号表征是化学学科的特点。这种符号虽然简洁，但是内涵丰富。例如："CO_2"既有宏观意义，表示"二氧化碳这种物质""二氧化碳是由碳元素和氧元素组成的"；又有微观意义，表示"1 个二氧化碳分子""1 个二氧化碳分子是由 1 个碳原子和 2 个氧原子构成的"等。符号表征不仅是化学学习的一种语言，也是将宏观表征和微观表征联系起来的桥梁。因此，在教学中必须重视化学用语的中介作用。

（二）学习化学用语的教学策略

1. 运用"类比"和"想象"

类比是依据两个对象之间存在着某种类似或相似的关系，根据已知对象具有的某种性质推出未知对象具有相应性质的一种推理方法。在初中阶段，学生倾向于直观思维、形象思维，因此，严格意义上的类比不多，常见的是用身边事物中的某些相仿点来帮助学生想象，理解问题。例如，一堆小麦是由无数粒小麦一粒一粒的"堆积"起来的，由此类比一滴水是由无数个小得用肉眼看不见的水分子"堆积"起来的。通过此类类比，帮助学生想象水分子。

另外，精心组织语言，引导学生想象也能帮助学生形成微观表征。例如，讲解"分子是由原子组成的，它是保持物质化学性质的最小微粒"时，学生会产生疑惑，既然分子是由原子组成的，但为什么原子不是保持物质化学性质的最小微粒？组织语言，引导学生想象：一滴水中含有许多个水分子，一个水分子就好比一朵鲜花，一个水分子中的氢原子和氧原子就好比花蕊和花瓣。通过这段描述，学生就可以区分开原子和分子，从而理解"分子是保持物质化学性质的最小微粒"。

2. 采用发散思维和直观思维方法

化学式和化学方程式是化学世界的独特语言文字，是化学学习者的专业语言。化学方程式的记忆对于初三学生来说负担较重，单纯死记硬背效果较差。教学中发现从以下几个方面着手，效果颇好。其一，让学生在识记化学符号中主动应用发散思维，以赋予符号更多的信息，丰富对它们的认识。例如：提供给学生元素符号"C"，学生说"C"像半圆、耳朵、月亮、钻戒等。这样，通过发散思维，学生找到切入点来认识"C"在化学学科中的意义。其二，选择学生熟悉的一个化学反应作为模板，引导学生分析、理解这个化学方程式的含义，储存在头脑中。当学生再遇到其他化学方程式时，将其与模板作对照，理解新的化学方程式意义。其三，结合化学反应时的现象，对于识记化学方程式、理解其意义也能起到促进作用。在描述物质反应时，配上文字表达式和化学方程式，将它们与实验现象结合起来，丰富联想的线索，减少机械记忆，增强意义识记，效果较好。

3. 运用"形象组块法"

化学用语的中介作用体现在将物质的宏观性质和微观本质联系在一起。然而，学生缺乏将三重表征统一的意识，倘若运用形象组块法，则完全能克服三重表征融合难的问题。例如，结合生活实际，引导学生想象：吃饭时感觉到咸味，由此想到食盐的味道；通过观察食盐的状态、颜色而形成宏观表征；如果用化学符号表示，食盐是"NaCl"。当学生在实验室中接触到氯化钠晶体模型时，形成微观表征，用化学符号表示便是"NaCl"。学生见到"NaCl"时，很快想象出它的宏观状态和晶体结构。由此能帮助学生解决三重表征融合难的问题。

根据化学学科的特殊性，结合学生认知特点，采用适当方法，将三重表征融合为一体，突破化学用语教学困难，学生在这一方面的学习分化问题将得以解决，在实践中确实起到了较好的教学效果。

总之，初中化学教学应注重宏观微观符号三重表征的培养，以帮助学生更好地理解和掌握化学知识，提高他们的学习兴趣和科学素养。在具体教学中，教师可以结合实际教学内容和学生情况，从上述七个方面入手，灵活运用多种教学方法和手段，引导学生逐步形成完整的化学知识体系。

第三章 经历科学探究，促进思行合一

《义务教育化学课程标准（2022年版）》以促进学生核心素养发展为导向，设置了五个学习主题，即"科学探究与实验""物质的性质与应用""物质的组成与结构""物质的化学变化""化学与社会·跨学科实践"。其中，"科学探究与实验"明确指明了化学学习的方法；"化学与社会·跨学科实践"指明了化学学习的价值。

科学探究的首要前提是培养探究精神，包括对未知的好奇心、勇于尝试的勇气以及坚定不移的态度。只有在这种精神的驱动下，我们才能积极投入科学研究中，不断发现问题、提出问题并努力寻找答案。实验是科学探究的重要形式和学习化学的重要途径，能进行安全、规范的实验基本操作，独立或与同学合作完成简单的化学实验任务；通过设计实验、实施实验、分析实验数据等环节，从化学视角对常见的生活现象、简单的跨学科问题进行探讨，能运用简单的技术与工程的方法初步解决与化学有关的实际问题，完成社会实践活动，增强实践能力，真正理解和掌握科学知识，理解科学方法、科学思想，以及科学对社会和人类的影响，提高技能和素养，并实现学以致用，思行合一，这才是科学探究的价值和意义。

第一节 学科活动：初中化学核心素养形成的主要路径

如果说学科知识是学科核心素养形成的主要载体，那么学科活动则是学科核心素养形成的主要路径。能力只有在需要能力的活动中才能得到培养，素养只有在需要素养的活动中才能得以形成。美国教育家杜威指出，真正的知识应该是主体与客观对象在相互作用的过程中，主体与经验材料紧密联系在一起的结果。因此，他强调"把各门学科的教材或各部分知识恢复到原来的经验"。教师"考虑的不限于教材本身，而是把教材作为在全部的和生长的经验中相关的因素来考虑的。这就是使教材心理化"。学科教学的实质就是学科活动，包括教师教的活动和学生学的活动，其中学生的活动是根本。

一、初中化学学科活动的特性

初中化学学科活动是学生化学学习的重要环节，它旨在通过形式多样的活动，激发学生的学习兴趣，提高他们的实践能力和科学素养。这些活动通常以实践性、探究性、开放性以及趣味性等特点为基础，使学生在轻松愉快的环境中掌握化学知识，培养创新思维和实践能力。

1. 实践性

学科活动中的实践，本质上是一种学习，即实践型的学习或学习型的实践，它包含直接经验的凸显，强调亲身参与，重视感性因素的作用，倡导"用中学"。

化学是一门以实验为基础的学科，因此实践性是化学学科活动最显著的特点之一。在化学学科活动中，学生通过亲手进行实验操作，观察实验现象，得出实验结论，更好地理解和掌握化学知识。例如，通过进行"氧气的制备"实验，学生可以更直观地了解氧气的制备过程，深入理解化学反应的本质。同时，通过"自制制氧机""自制净水器""自制灭火器"等活动，将"用"知识作为"学"知识的重要目的，强调学习知识的目的在于运用知识于社会实践，即"因用而学""学以致用"。

实践性倡导"用中学"，将"用"知识作为"学"知识的一种手段和方法，强调知识的运用可以促进知识的学习，可以发挥"以用促学"的功效。陶行知先生非常强调知识的运用，甚至提出要以"用书"来替换"读书"。在他看来，"书只是一种工具，和锯子、锄头一样，都是给人用的。我们与其说'读书'，不如说'用书'。书里有真知识和假知识。读它一辈子不能分辨它的真假；可是用它一下，书的本来面目便显了出来，真的便用得出去，假的便用不出去"。

化学学科活动的实践性特点表现为学生将所学知识应用于实际生活中，以解决实际问题。通过实践活动，学生可以更好地理解化学知识，提高他们的实践能力和创新意识。例如，"生活中的酸碱指示剂"这一活动，让学生利用化学知识制作酸碱指示剂，并应用于实际生活，比如检测水质的酸碱性。

2. 探究性

化学学科活动具有显著的探究性特点，它鼓励学生通过提出问题、猜想与假设、设计实验方案、进行实验探究、收集数据分析、得出结论等步骤，主动进行科学探究。例如，在"影响化学反应速率的因素"这一活动中，学生需要自主设计实验方案，通过实验探究温度、浓度、催化剂对反应速率的影响，从而培养他们的探究精神和科学素养。

3. 开放性

化学学科活动的开放性特点体现在活动的多角度、多层次以及多元化上。这些活动不仅可以在学校实验室进行，也可以在家里或社区进行；不仅可以是个人活动，也可以是小组活动或者班级活动。例如，"环保与化学"这一活动，学生可以在学校实验室进行实验分析，也可以在社区进行实地调查，了解环保与化学的关系。

4. 趣味性

趣味性是吸引学生参与化学学科活动的重要因素之一。化学学科活动通过设计生动有趣、富有挑战性的任务和项目，激发学生的好奇心和求知欲，提高他们的学习兴趣。例如，"制作彩色喷泉"这一活动，利用化学反应产生气体，形成美丽的喷泉景观，既有趣又直观地展示了化学反应的现象。自制汽水和鸡尾酒，让学生用所学的知识进行制造，亲自品尝劳动成果，极大地提高了化学学科的趣味性和实用性。

初中化学学科活动的特性决定了其对于培养学生化学学习兴趣、提高实践能力和科学素养具有重要意义。通过富有实践性、探究性、开放性和趣味性的活动，学生可以在轻松愉快的环境中掌握化学知识，培养创新思维和实践能力。因此，在初中化学教学中，教师应充分利用这些特性设计学科活动，发挥学科活动的最大价值，进一步提升学生的化学学习效果。

二、开展初中化学学科活动的注意点

1. 完整性

完整的活动，指的是以活动为主线、为主体的完整学习过程。学科活动作为学科核心素养形成的主要路径，从教师教学的角度讲，无论是整门学科的教学还是主题单元的教学，都要强调其完整性和整体性，而不能是碎片的、局部的。从学生认识发展的角度讲，一定要让学生经历从感性到理性、从现象到本质、从猜测到验证的过程，经历从片面到全面、从浅到深、从易到难的过程。所以，教师在组织学科活动时，一定要注意完整性，做到一气呵成。

2. 独立自主性

学科活动，无论是实践过程还是实践认识，都是一种"有我"的活动，而非"无我"的活动即"被活动"。正如德国教育家第斯多惠所说："发展与培养不能给予人或传播给人。谁要享有发展和培养，必须用自己内部的活动和努力来获得。"教师在设计学科活动时，一定要"以生为本"，发挥学生的主观能动性，注重学生的独立性。因为每个学生都是一个独立的人，真正的学习都要基于学生自身的独立活动，任何人都不能替代；每个学生都是独立于教师的头脑之外、不以教师的意志为转移的客观存在；每个学生都有强烈的独立倾向和独立要求。无论是认识过程还是实践过程，都要强调学生的独立参与，而不能一切按照教师的意志来安排和设计行动；无论是活动的过程，还是活动的设计、组织以及活动的总结、评价，学生都应该是主角、主体。

3. 教育性

学科活动的价值归宿是学生的发展，即学科核心素养的形成。这是学科活动与其他类型的实践活动的区别。学科核心素养是学科知识与学科活动相互作用、产生"化学反应"的结果，两者缺一不可，而且必须是"化学反应"而不是简单浅层的"物理变化"。相对而言，学科知识彰显的是教学的深度，学科活动彰显的是教学的温度。深度强调的是学科知识的科学化、学术化处理，关注、强化的是学科知识的概念化、科学化、规范化，其核心和本质是学科思维、思考和文化，其宗旨是强调学生及其学习的学科化。而温度强调的是学科知识的教育化、心理化处理，把学科知识生活化、经验化、情境化、活动化，其核心和本质是学生化。学生的学科、学生的知识、学生的思维，是学生学习的根本。不要把课堂学习作为一种纯粹的学科知识传承，教师的填鸭式输出把学生排斥在课堂之外，成了课堂的局外人。应该从学生的实际情况出发，按照学生的意愿和兴趣，从已有的生活、经验出发，通过自己的实践和认识建构自己的学科知识。没有深度的课堂，必然是平庸、表层的课堂；没有温度的课堂，必然是机械、乏味的课堂。深度和温度的均衡分布，最有利于课堂教学效益最大化。

第二节 基础实验：培养学生的实验技能

一、强化实验基础知识，掌握实验基本操作

化学是一门以实验为基础的自然科学，初中化学实验是学生学习化学的重要环节，也是培养学生探究能力和实践操作能力的关键部分。实验基础知识主要包括实验室安全规范、化学试剂的正确使用以及实验器材的维护和保养。这些知识是保证实验顺利进行并获得准确结果的基础，课堂上，笔者让学生积极进行小实验的演示，培养学生严谨规范、实事求是的科学精神。

（一）基础操作

初中化学基本操作包括仪器使用、基本实验操作和常见化学反应等。在落实时，可以从以下两个方面入手：

（1）仪器使用：学生应掌握常见化学仪器的使用方法，如烧杯、试管、漏斗、酒精灯、量筒等，并了解其用途和注意事项。

（2）基本实验操作：学生应掌握常见实验操作技能，如取用固体、液体药品的方法，给液体、固体加热、过滤、蒸发等基本实验操作。

（二）物质性质探究

物质性质探究是初中化学实验的重要内容之一。学生可以通过观察、实验、对比等方法探究物质的物理、化学性质及其反应规律。在落实时，可以从以下三个方面入手：

（1）观察法：学生应通过观察物质的外观、颜色、状态等物理性质，了解物质的初步特点。

（2）实验法：学生应通过实验探究物质的化学性质，如酸碱性、氧化性、还原性等。

（3）对比法：学生可以通过对比不同物质之间的性质差异，了解物质之间的相互关系。

（三）化学反应实验

化学反应实验是探究不同化学反应的具体过程和规律的重要手段。在落实

时，可以从以下三个方面入手：

（1）燃烧反应：学生应了解燃烧的条件和基本原理，探究不同物质燃烧的现象和产物。

（2）置换反应：学生应了解置换反应的类型和特点，探究不同金属之间的置换反应及其规律。

（3）化合反应：学生应了解化合反应的类型和特点，探究不同物质之间的化合反应及其产物。

（四）物质分离与提纯

物质分离与提纯是探究物质性质和反应规律的重要方法之一。在落实时，可以从以下三个方面入手：

（1）过滤：学生应了解过滤原理和方法，掌握过滤操作技能。

（2）结晶：学生应了解结晶原理和方法，掌握结晶操作技能。

（3）蒸馏：学生应了解蒸馏原理和方法，掌握蒸馏操作技能。

二、落实学生活动，提高实验操作技能

实验操作技能是化学实验探究的关键。它包括实验前的准备工作、实验过程中的注意事项以及实验完成后的清理工作。这些技能的掌握有助于学生在实验过程中更加得心应手。

对于化学实验技能，学生应达到如下基本要求：

（1）熟悉化学实验室安全警示标志，学会正确使用安全防护设施，学习妥善应对实验安全问题的必要措施。

（2）学会试剂的取用、简单仪器的使用及连接、加热等实验基本操作。

（3）初步学会在教师指导下根据实验需要选择实验试剂和仪器，并能安全操作。

（4）初步学会配制一定溶质质量分数的溶液。

（5）学会用酸碱指示剂、pH 试纸检验溶液的酸碱性。

（6）初步学会根据某些性质检验和区分一些常见的物质。

（7）初步学习使用过滤、蒸发的方法对混合物进行分离。

（8）初步学习运用简单的装置和方法制取某些气体。

（9）初步学会观察实验现象，并如实记录、处理实验数据，撰写实验报

告等技能。

为了让学生能在理解的基础上顺利完成实验，而不是到了实验室"照方捡药"或一片忙乱，笔者在实验前一般会提出三个问题：①本次实验的目的是什么？②你认为本次实验要取得成功的关键在哪里？③完成本次实验你可能会面临哪些困难？让学生带着3个问题提前预习，理清思路，以确保实验时思路清晰，集中注意力观察，记录实验现象，发现异常问题，进行反思。为了提高学生的实验操作技能，除了完成课堂演示实验和教材中8个学生分组实验外，笔者还增加了"自制炭黑""自制酸碱指示剂""溶解与乳化""常见化肥的鉴别""羊毛、棉花和合成纤维的鉴别"等学生实验，这些实验既涉及丰富的化学知识，又与生活实际息息相关。通过这些实验，提高了学生利用所学知识解决实际问题的能力，树立"生活处处皆化学"的学科思想，极大提高了学生的兴趣和学习化学的热情。在化学实验探究教学中，除了安全性这一基本原则，笔者给予学生充分的自主性，让学生有实验设计以及实验探究的自主创造空间，引导学生将自己的想法和观点融入化学实验设计过程中，并设置符合自身情况的学习目标。

三、基础实验案例

以下以课题2活动一：化学是一门以实验为基础的科学（第一课时）：对蜡烛及其燃烧的探究为例讲解说明。

（一）教材分析

本节课是人教版《化学（九年级上册）》起始部分的内容，是学生接触到的第一个较为完整的化学活动与探究实验。因此，本课是化学实验的基础，对整个初中化学乃至学生今后的化学学习起到至关重要的作用。本节课通过"对蜡烛及其燃烧的探究"增进学生对"化学就是一门以实验为基础的科学"的重新认识。这个探究活动是从现实生活中提炼出来的，可以给学生带来新的体会和启迪。学生通过对蜡烛在点燃前、点燃时和熄灭后三个阶段的观察，可培养对现象的观察、记录和描述能力，同时进行简单实验设计的尝试。

（二）学情分析

对于刚步入九年级的学生来说，才上几堂化学课，能利用的化学知识有限，动手操作能力不强，注意力不集中，本探究活动操作简单，会引起学生较大的学习兴趣和探究欲望，但学生可能会表现出一些常见问题，例如：①对探究目的不够明确；②把实验现象和实验结论混为一谈；③语言表达逻辑混乱、词不达意。

因此教师要引导学生注重观察内容，真切地感受这个实验的知识。以学生为主体，充分发挥他们的想象力。另外在讲解和提问时要考虑到中下层学生的基础，多给他们思考的时间、动手的机会，让他们尽可能地投入探究活动中，让他们树立起学习化学的信心。

（三）学法分析

学生可通过实验探究、问题讨论、归纳总结的方法来学习本课题。

（1）探究式实验教学法：根据目标设疑，引导学生动手实验，让学生以质疑和批判的心态去观察实验、体验思考和分析，教给学生通过实验探究得出科学结论的学习方法。

（2）问题讨论互动式教学法：将学生分组，以问题的形式使学生思考、讨论，教师展开指导、解惑，师生之间交流以使学生纠正认识。

（四）学习目标

（1）能从化学的视角重新认识石蜡的性质，初步学会对实验现象进行观察和描述的方法。

（2）初步学会运用观察、实验等手段获取化学事实。

（3）能设计证明蜡烛某些物理性质的方案，并进行实验，得出结论。

（4）认识到学习化学的一个重要途径和重要形式是实验，能进行安全规范的实验基本操作。

（5）能体验到探究活动的乐趣和学习成功的喜悦，进而体会到化学学习的特点是关注物质的性质、变化、变化过程及其现象等。

（6）培育学生实事求是、严肃认真的科学态度和团队合作精神。

（五）教学重难点

教学重点：培养学生对实验现象的观察、记录和描述能力，使学生掌握化学实验探究的一般方法。

教学难点：①蜡烛燃烧产物二氧化碳和水蒸气的检验；②了解实验探究的思路和方法。

（六）教学过程

1. 教学基本流程

情境导入→师生讨论→确定方案→实验探究→交流反馈→小结。

2. 教学过程

教学环节一 观察蜡烛，初步学习观察的方法

教师活动	学生活动	设计意图
【情境导入】使用多媒体资料模拟唤起学生兴趣。	观看古代和近代的一些化学实验以及由化学实验得出的重要成果。	让学生了解化学实验的重要性，激发学生对化学实验探究的兴趣。
【提问】物理性质包括哪些方面？	【回答】颜色、状态、形状、气味、硬度、密度、水溶性……	回顾所学知识，为接下来的学习做好知识铺垫。
【布置任务】请调动自己的感官，描述你能直接获知的蜡烛的物理性质。	【回答】蜡烛的颜色、形状、状态和气味等。	让学生学会对物质进行仔细的观察，学习物质性质的思维方法。
【追问】你可以通过哪些方式更多地了解蜡烛？你能通过实验的方法获得蜡烛的其他性质吗？	【讨论并实验】观察桌面的仪器和用品（蜡烛、水、烧杯、刀片、酒精灯等），先思考讨论，后进行实验，并填写实验报告。	让学生通过观察提供的仪器和用品，学会设计简单的实验方案并进行实验，在实验过程中随时记录。
【引导学生进行归纳】你们获得了蜡烛哪些其他的性质呢？如何获得的？	【回答1】我们用小刀切一小块石蜡放入盛有水的烧杯中，发现石蜡不会消失，一直浮在水面上。由此，我们归纳出了蜡烛还具有硬度小、密度比水小、不溶于水等性质。 【回答2】我们用火柴点燃蜡烛，发现蜡烛能燃烧，发光发热，证明蜡烛具有可燃性。	让学生学会对实验现象进行描述，教会学生实验观察的方法是先仔细观察现象，再由现象得出结论。

（续上表）

教师活动	学生活动	设计意图
【引导】物质的部分性质可以通过感官观察到，但有些需要用仪器或通过实验才能获得。	【思路形成】对物质进行观察的顺序是：直观观察→应用仪器测量或进行实验获知。	引导学生初步形成观察物质的一般思路。
【追问】在以上性质中哪些属于蜡烛的化学性质？	【回答】可燃性。	让学生了解分类研究物质的性质的方法。

教学环节二　点燃蜡烛，学习观察物质变化的顺序

观察蜡烛燃烧的过程，学习在物质发生变化时，需要按照变化前、变化中和变化后的顺序进行观察。

教师活动	学生活动	设计意图
【引导】观察蜡烛燃烧时的现象，设立观察点：（1）观察蜡烛的火焰情况（提示：从颜色、分层、明暗等方面入手）。（2）用实验感知火焰的温度。【强调】（1）控制变量在实验中的应用。（2）蜡烛的火焰分成外焰、内焰和焰心三层。	【观察与表达】蜡烛部分会熔化，有火焰，火焰分为三层，火焰颜色为黄色，最外层火焰最亮，最里层火焰最暗。【实验】将一根木条平放在有三层火焰的部分 1～2 秒，迅速取出，观察木条颜色的变化情况。【归纳现象和结论】木条两端变黑，中间基本不变，说明外焰的温度最高，焰心的温度最低。	学生进一步体会观察的顺序，通过对比实验完成蜡烛外焰和焰心温度的比较，进一步强化根据实验目的设计实验方案的能力，进一步熟悉实验报告的书写；在讨论过程中培养对所获得的事实与证据进行归纳、得出正确结论的能力。

教学环节三 小组合作，探究蜡烛燃烧的产物，初步体会科学探究的过程

教师活动	学生活动	设计意图
【提问】古诗云"蜡炬成灰泪始干"，请问蜡烛燃烧后生成了哪些物质？【提供资料】蜡烛由石蜡和棉线组成，石蜡含碳、氢元素，含碳、氢元素的物质燃烧一般生成水和二氧化碳。	【合作探究】提出猜想，蜡烛燃烧是否生成了水和二氧化碳。根据教师的提示，联想前面所学的知识，设计试验方案，进行实验验证，记录实验现象。	让学生体验完整的实验探究过程，培养学生灵活应用所学知识解决实际问题的能力，学会通过小组合作，完成实验探究的方法，学习物质变化的思维方法。
【探究指导】根据实验结果回答蜡烛燃烧的产物，并引导学生将该反应用文字表达式表示出来。	【表达交流】在蜡烛火焰上方罩一个干冷的烧杯或集气瓶，有水雾产生；取下烧杯或集气瓶，迅速倒入少量澄清石灰水，观察到澄清的石灰水变浑浊。写出反应的文字表达式：石蜡 + 氧气 $\xrightarrow{\text{点燃}}$ 水 + 二氧化碳	学习物质变化过程的观察与描述以及对结果的解释和讨论。能进行准确的现象描述和结论的表达。体验到探究活动的乐趣和学习成功的喜悦，进而体会到化学学习的特点是关注物质的性质、变化、变化过程及其现象等。
【追问】在实验过程中，你有没有新发现或其他困惑？	【质疑】部分学生提出了以下疑问：自己组烧杯壁产生了一些黑色物质，但旁边一组又没有，这是为什么呢？	让学生以质疑和批判的心态去观察实验、体验思考和分析，教给学生通过实验探究得出科学结论的学习方法。
【引导】很多组出现了同样的现象，请与周围同学交流，寻找原因，并进行实验改进。	【交流】通过交流和各组的重新实验，发现是否产生黑色物质与烧杯或集气瓶放置的位置有关，位置越低，越容易产生黑烟。	由意外现象引发思考，引导学生进行反思和交流，讨论原因，进行改进，再次实验。让学生感受实验反思的重要性。

（续上表）

教师活动	学生活动	设计意图
【引导】回忆家里炒菜的铁锅，锅底有一层厚厚的黑色物质——炭黑。让学生感知炭黑，分析炭黑产生的原因。	【交流讨论】在教师的引导下，通过交流讨论明白，炭黑是氧气不足时含碳物质不完全燃烧产生的，同时，不完全燃烧也会产生剧毒的一氧化碳，所以，家里的厨房一定要保持良好通风。	让学生明白，反应物的量会影响生成物，为后面白烟成分的探究和以后定量的学习埋下伏笔，并将所学知识迁移到生活实际中，体现生活处处皆化学的思想。

教学环节四　探究熄灭蜡烛时产生的白烟能否被点燃

教师活动	学生活动	设计意图
【提问】蜡烛熄灭时会产生什么现象？白烟能否被点燃？它是什么物质呢？在学生讨论的过程中，教师给予适当的引导。	【实验】观察蜡烛熄灭时产生的白烟，并点燃白烟。 【小组讨论】根据白烟能燃烧的性质，进行猜想和讨论。	进一步激起学生探究的欲望。
【引导】能否想办法将燃烧时蜡烛的白烟导出来？提供相应的仪器和用品：长玻璃导管、铝管、试管夹、胶头滴管、注射器等。	【合作探究】利用教师提供的仪器和用品，设计实验，进行探究。 用长玻璃导管或铝管导出白烟，发现白烟能燃烧，冷却玻璃管或铝管的中部，有白色固体，导管另一端点不着。证明白烟是石蜡固体小颗粒。	通过小组合作，探究用不同的方法进行实验，获得结论。同时，对蜡烛燃烧的整个过程有更清晰的认识：点燃蜡烛时，石蜡固体熔化为液态石蜡，液态石蜡气化为石蜡蒸气；蜡烛充分燃烧时生成二氧化碳和水；熄灭蜡烛后，石蜡蒸气遇冷凝华为石蜡固体小颗粒。

教学环节五　巩固应用，反思评价

教师活动	学生活动	设计意图
【提问】为什么蜡烛需要放一根棉线？没有棉线的石蜡能燃烧？	【合作探究】学生先独立思考，后小组讨论，再根据教师提供的仪器和用品进行实验。 【增加实验】取一根蜡烛，用燃着的火柴去点蜡烛的不同部位，学生会发现当点烛芯时，蜡烛能轻松地燃烧起来，而当点蜡烛的其他部位时，却发现石蜡只熔化不燃烧，通过对比得出烛芯具有"引燃石蜡"的作用；再用剪刀剪断烛芯，会发现烛芯燃烧了一会儿后就熄灭了，好像石蜡的输送管道被切断了一样，由此分析得出烛芯还具有"输送石蜡"的作用。	蜡烛由石蜡和棉线烛芯组成，那么棉线烛芯的作用是什么呢？该问题可能从未引起学生深入思考，为此增加"烛芯作用"实验，以此来解决学生最容易忽视的问题，培养学生学会细致观察、多角度思考的科学学习方法。
【点拨】本节课，你获得了哪些知识和方法？	【归纳】了解了石蜡的物理性质和化学性质；学会了如何进行实验现象的观察；了解了控制变量法和实验探究的方法与过程；要多留心生活中的化学。	指导学生系统总结有关蜡烛及其燃烧的相关内容，突出实验的方法，同时就如何进行课堂小结对学生进行初步引导。
【教师评价】总结学生在各个活动中的表现，做得好的方面给予表扬，需要改进的方面提出改进的方法和思路。	【学生自评】这节课你觉得自己表现好的方面有哪些？你的实验设计合理吗？哪些地方可以改良？下次实验探究课你怎样有更好的表现？	鼓励学生善于对自己的表现进行评价，发现自己的长处，并改进自己的短处，使自己的探究能力不断得到提升。

（续上表）

教师活动	学生活动	设计意图
【布置作业】	【课后作业】 课后认真填写实验报告。	化学实验报告是学生亲自动手操作、观察实验现象并对数据进行理性分析和思考后做出的书面报告，是对化学知识的再认识和再提高。书写化学实验报告要注意尊重科学，实事求是。按照实验的客观实际，运用符合化学学科特点的规范语言，准确书写。

（七）教学反思

实验是学习化学的一条重要途径。初中化学教材在化学学习之初安排对蜡烛及其燃烧的探究及人体吸入的空气和呼出的气体的探究活动，让学生第一次接触化学实验探究活动，通过实验以及对实验现象的观察、记录和分析等，可以发现和验证化学的原理，学习科学探究的方法并获得新的化学知识。很多教师将本课题的 2 个探究活动用一节课上完，甚至都以教师演示的形式进行，学生参与度很低，远远达不到这两个探究活动安排的目的。蜡烛燃烧看似简单，其实有着比较深刻的内涵。教材指出："你可以按下面提示的步骤进行实验观察，也可以增加或更改某些实验观察的内容。"这里明确表示教师可立足于教材，又可不拘泥于教材，依据教学实际情况自行设计实验，有目的、有计划地让学生在"做中学"、在"学中做"、在"做中思"，以此引领学生开启化学之门、认识化学实验属性。本课堂设计为鼓励学生创造性地参与此项探究活动，增加和更改了某些实验观察的内容，如将直接让学生用小刀切下一块石蜡等操作，改为让学生自己设计实验探究石蜡的密度、溶解性等；增加了蜡烛不充分燃烧产物炭黑等的探究、白烟成分探究和点石蜡等探究环节，让学生能发现更多的问题，并及时进行思考和验证，得出可靠的结论。并将所学知识与生活实际相联系，体现了化学"千变万化，学以致用"的思想，深度思考，深度学习，培养了学生的能力，提高了学生实验操作的技能，达到了学科育人的目的。

第三节　趣味实验：激发学生的学习兴趣

初中化学教学是中学生接触化学世界的初始阶段，对于培养学生的学习兴趣和科学素养至关重要。而趣味化学实验则是初中化学教学中不可或缺的一部分，它能够通过生动、有趣的实验现象，帮助学生更好地理解和掌握化学知识，同时还可以激起兴趣和动手能力，提高课堂教学的质量。下面从几个方面探讨趣味化学实验在初中化学教学中的作用。

一、激发学习兴趣

趣味化学实验能够通过生动、有趣的实验现象，吸引学生的注意力，让他们感受到化学世界的奇妙变化和无穷魅力。例如，在第一节化学课中，笔者采取"白酒变红酒，红酒变白酒，白酒变雪碧，雪碧变牛奶"四个连锁实验，选用药品有氢氧化钠溶液、酚酞、稀盐酸、碳酸钠和氯化钙溶液。整个变化过程中涉及变色、放出气体、产生沉淀等现象，有趣又明显，对后面学生学习化学变化的知识也起到了很好的铺垫作用。例如在学习金属的化学性质时，演示"色彩斑斓的烟花秀"，准备一些金属盐类（如硝酸铜、硝酸银、硝酸钙等）；将每种金属盐分别放在不同的蒸发皿中；用火点燃每种金属盐；由于不同金属盐在燃烧时会呈现出不同的颜色，硝酸铜燃烧时呈现蓝色，硝酸银燃烧时呈现淡黄色，硝酸钙燃烧时呈现红色。还可以把不同的盐混合在一起点燃，形成五彩斑斓的烟花效果。这个趣味实验极大增强了学生的兴趣，让他们发现生活中五彩缤纷的烟花就是眼前的化学变化，由衷赞叹生活处处皆化学，同时也提高了他们学习金属化学性质的热情。

二、增强实践能力

趣味化学实验不仅能够帮助学生更好地理解和掌握化学知识，还能够增强学生的实践能力。通过自己动手做实验，学生能够更好地理解化学反应的原理和过程，也可以培养动手能力和创新意识。例如，在学习"水的净化"知识后，让学生自制净水器，并开展净水效果比赛。这不仅需要学生掌握化学知识，还需要他们具备一定的动手能力。在比赛中，学生自己动手制作净水器，不仅需要化学知识，还需要综合利用工程、技术及跨学科知识，锻炼他们的动手能力和实践操作能力。在学习常见的碱氢氧化钠时，可以开展"制作肥皂"的实验，教师带领学生自己动手制作肥皂，并了解肥皂的制作过程和原理，学生创意无限，将自制肥皂做成各种造型，配上各种图案，进行精心包装，还将自己的作品送给教师。这样的实验，极大激发了学生探究的兴趣，让学生拥有成就感，也培养了学生的实践能力和创新意识。

三、培养观察能力

趣味化学实验可以培养学生的观察能力，让他们更加准确和全面地观察实验过程和实验现象。例如，在演示"分子运动现象"的实验中，首先向盛有约 20mL 蒸馏水的小烧杯 A 中加入 5～6 滴酚酞溶液，搅拌均匀，观察溶液的颜色。接着，从烧杯 A 中取少量溶液置于试管中，向其中慢滴加浓氨水，观察溶液颜色有什么变化。最后，另取一个小烧杯 B，加入约 5mL 浓氨水。一个大烧杯罩住 A、B 两个小烧杯，仔细观察，A、B 烧杯有什么不同的变化，学生可以观察到不同颜色的溶液在混合后发生的变化，并了解不同物质之间的相互作用和变化过程。教师这时可以进一步引导学生探究：这个实验有没有不足之处，可以怎么改进？学生经过讨论后，提出问题：切开的苹果放在空气中一段时间后也会变色，本实验中酚酞溶液变色是不是也是由于空气的影响呢？于是，在这个基础上，学生对本实验进行了如下改进：

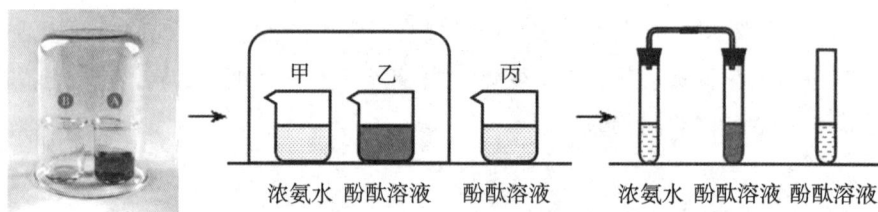

图 3-1　酚酞溶液变色实验改进图

这些实验能够帮助学生更好地理解和掌握化学知识，同时也可以培养学生的观察能力和提高其科学素养。

四、促进知识理解

趣味化学实验可以促进学生对所学知识的理解，让他们能够更加深刻和全面地掌握所学知识。例如，在学习"燃烧和灭火"这部分知识时，演示"烧不坏的手帕"实验，把无水酒精和蒸馏水按 2：1 的比例混合，将手帕在溶液中浸泡后，在酒精灯上点燃手帕，手帕燃起熊熊火焰，待火焰熄灭后，手帕却完好无恙。学生在一片赞叹声中明白了燃烧的条件，教师趁热打铁，带领学生分析生活中纸火锅的原理。学习这部分知识时，还可以表演"水火相容"的趣味实验，教师先引导学生思考："俗话说'水火不容'，请同学们想想，把白磷放到高于其着火点的热水中会燃烧吗？"这个问题与学生的生活经验相悖，绝大部分同学都摇头。这时，教师再次带领学生分析燃烧的三要素，提问：是否向热水中通入氧气白磷就会燃烧呢？有接近一半的学生还是表示怀疑。接着进行实验，当"水火相容"的神奇现象发生时，学生欢呼雀跃。这个实验让学生更好地理解燃烧的本质和过程，同时也可以帮助他们掌握安全使用火的知识。这些实验能够帮助学生将理论知识与实践相结合，加深对化学知识的理解和掌握。再例如在学习"分子和原子"时，学生很难理解"对于由分子构成的物质，分子是保持其化学性质的最小粒子"这一概念。这时，教师可以演示"白花变蓝花"的实验，先使用干态下的碘片和锌粉在常温下不易直接化合的原理，再加入少量水作催化剂后，剧烈反应生成碘化锌并放出大量的热，使未反应的碘升华成紫烟，水受热汽化，在空中冷凝成白雾，碘和白纸花上的面粉接触显蓝色，于是紫烟造出蓝花。在这种形象化、生动化的实验中，学生能够感受到化学实验的魅力，从而不断探索神奇现象背后的化学原理，帮助他们理解"分子是保持物质化学性质的最小粒子"这一概念，在思考和实践探究过程中激发自身的创造性，培养创新思维。

五、提高科学素养

趣味化学实验可以提高学生的科学素养和综合素质，让他们能够更好地适应未来科学的发展和需求。通过参与有趣的化学实验，学生可以了解科学的方法和过程，培养科学思维和探究精神，同时也可以提高他们的观察能力、动手能力、解决问题的能力和创新能力。2020 年疫情防控期间，学生通过网课学习，开展实验操作不方便。在学习到初中化学第十一单元课题1"生活中常见的盐"这部分知识的时候，笔者让学生通过设计家庭实验来探究碳酸钠、碳酸氢钠水溶液的酸碱性，以及它们能否与酸发生反应。因为有前面化学实验知识的积累，学生都积极动手，使用家里的物品设计实验并完成了实验。举其中一例：陈同学利用紫甘蓝、苏打、小苏打、食品干燥剂、肥皂水和白醋完美地完成了实验，并录制了实验视频。溶液酸碱性探究的实验过程如下：①撕下几片紫甘蓝叶片，捣碎，用纱布过滤，取紫色汁液备用（因为前面做过自制酸碱指示剂的实验，学生知道紫甘蓝可作指示剂）。②从家里的零食海苔或饼干中取出一部分干燥剂（生石灰），放到碗里加水溶解，静置，取上层清液备用（石灰水）。③在两个一次性纸杯中各倒入少量紫甘蓝汁，向一个纸杯中加入石灰水，发现紫甘蓝汁变为绿色，记录下来；向另一个纸杯中倒入少量白醋，发现紫甘蓝汁变为红色。④各取一小勺苏打粉（碳酸钠）和小苏打粉（碳酸氢钠）加水溶解，向其中分别加入紫甘蓝汁，发现无色溶液都变成了绿色。⑤根据以上现象进行对比，得出"碳酸钠和碳酸氢钠的水溶液都呈碱性"的结论。

碳酸钠、碳酸氢钠能否与酸反应的探究过程如下：①巧妙地利用矿泉水瓶、吸管、浇花喷壶嘴组装出一套可以控制反应发生与停止的简易装置。②检查装置的气密性。③向矿泉水瓶中加入1勺苏打粉或小苏打粉，塞紧壶嘴。准备好石灰水，通过喷壶盖向矿泉水瓶中加入白醋，发现瓶中产生大量气泡，粉末逐渐溶解。④将生成的气体通入石灰水中，石灰水变浑浊。⑤得出碳酸钠、碳酸氢钠能与酸反应生成二氧化碳的实验结论。

在以上两个家庭实验中，笔者将生活素材融入教学工作，引导学生将化学学习与生活实践有机结合在一起，学生通过挖掘生活中的素材，灵活应用对比的学习方法，学会思考，积极创新，动手实验，取得了良好的学习效果，充分调动了探究兴趣，培养了创新精神。

趣味化学实验在初中化学教学中具有重要的作用。它不仅能够激发学生的学习兴趣和好奇心，还能够增强学生的实践能力、培养观察能力、促进知识理解、提高科学素养和综合素质。因此，在初中化学教学中应充分重视趣味化学实验的作用，通过设计生动、有趣的实验来帮助学生更好地理解和掌握化学知识，为培养具有创新精神和实践能力的未来人才打下坚实的基础。

第四节　探究实验：提高学生的学科素养

一、开展探究实验的意义

初中化学探究实验是提高学生学科素养的重要途径。通过实验基础知识、实验操作技能、化学反应原理探究、化学实验数据处理、实验安全与环保以及实验设计与创新能力培养等方面的实践，学生可以更好地理解化学现象，掌握化学知识，提高科学素养，为未来的学习和工作打下坚实的基础，探究实验可以从以下五个方面帮助学生提高学科素养。

1. 实验技能

实验技能是化学学科素养的重要组成部分。初中化学探究实验要求学生掌握基本的实验操作技能，如装置组装、实验条件控制、实验数据采集和处理等。通过实验现象观察和数据分析，学生可以深入了解实验操作的原理和方法，从而培养出熟练的实验技能。

2. 知识理解

化学探究实验有助于学生深入理解化学知识。通过实验，学生可以直观地观察到化学反应的发生过程，理解反应原理和化学现象的本质。同时，实验也有助于学生将理论知识与实践相结合，形成完整的学科知识体系，加深对化学知识的理解和记忆。

3. 解决问题能力

化学探究实验旨在帮助学生提高解决问题的能力。在实验过程中，学生需要分析问题、提出假设、进行实验设计和操作，最终得出结论。这一过程可以锻炼学生的分析推理能力，帮助学生掌握解决问题的科学方法。此外，实验还可以帮助学生发现新问题，提出新的假设，进一步培养解决问题的能力。

4. 科学态度

化学探究实验有助于学生树立严谨的科学精神和客观的科学态度。在实验过程中，学生需要保持认真、细致的态度，尊重实验数据，不随意更改实验结果。同时，学生还需要学会与他人分享自己的实验结果和想法，尊重他人的劳动成果。通过实验，学生可以逐渐培养出诚实、严谨的品质，形成良好的科学态度。

5. 合作精神

化学探究实验往往需要团队合作完成。学生需要在小组内分工合作，共同完成实验任务。在实验过程中，学生需要学会倾听他人的意见和建议，尊重他人的劳动成果。通过合作，学生可以学会如何与他人沟通交流、如何协调解决问题，培养出良好的合作精神。这种合作精神不仅有助于学生在学习上取得成功，也对他们的未来生活和职业发展具有积极的影响。

初中化学探究实验是提高学生学科素养的重要途径。因此，教师应充分利用探究实验的优势，设计符合学生认知水平的实验方案，引导学生积极参与实验过程，充分发挥探究实验在提高学生学科素养方面的作用。

二、探究实验的案例——以空气成分的探究为例

【实验目的】

（1）学会用实验的方法探究空气的成分，了解从混合物空气中分离出氧气的方法和原理。

（2）通过经典实验，学习和体会科学家进行科学探究的智慧和方法，理解科学探究的本质。

（3）学会利用物理等跨学科知识解决化学问题。

（4）学习科学探究和科学实验的方法，能利用所学知识分析实验不足之处，并据此提出实验改进的方法。

【实验分析】

拉瓦锡通过用化学方法定量测定空气中氧气的含量，他在曲颈甑中加热汞，利用汞将装置内氧气消耗掉，生成固体的氧化汞，汞液面上升。由于拉瓦锡的实验仪器复杂，使用的汞是有挥发性的有毒液体，而且实验时间比较长，所以没办法在课堂上演示。本节课以红磷代替汞，通过明显的实验现象，让学生获得感性认识，加深印象培养能力，并针对此实验可能带来的误差和污染，提出实验改进的方法。本实验是初中化学的一个重要实验，同时也是历年各地中考命题的热点。近年来在课本实验的基础上进行拓展、创新，旨在考察学生的实验探究能力及创新思维能力已成为中考命题的趋势。

【实验用品】

实验药品：红磷、水。

实验仪器：集气瓶、单孔橡皮塞、导管、橡皮管、烧杯、止水夹、燃烧匙、塑料瓶、注射器、胶头滴管等。

【实验过程】

1. 感知空气的存在

学生利用所提供的仪器或用品展示收集的空气样品，通过简单的趣味实验证明空气的存在。（如：在装满水的矿泉水瓶瓶口贴一张薄薄的便利贴，将水瓶倒过来，发现水流不下来，充分证明空气的存在并说明空气产生了压力等。）

2. 认识空气的成分

（1）谈谈你对空气的理解。（无色无味的气体，能产生压力，含有氮气、氧气、水蒸气、二氧化碳等成分，不是一种单一的物质……）

（2）你知道科学家是怎样认识和研究空气的吗？（空气发现史的学习）

（3）请像科学家一样通过实验或生活经验验证空气中的某些成分。（提前布置，学生展示实验或拍摄的视频。）

3. 探究空气的组成

（1）分析拉瓦锡测定空气成分的思路和方法。

①小组合作：分析拉瓦锡实验的原理和装置。

②思考：拉瓦锡是如何定量测定氧气约占空气体积1/5的？（为降低该实验理解的难度，教师补充了由于压强变小导致水倒吸的实验如：胶头滴管吸水；注射器抽走广口瓶内的部分空气后水槽中的水倒吸；挤出部分空气的空水瓶内水倒吸。）

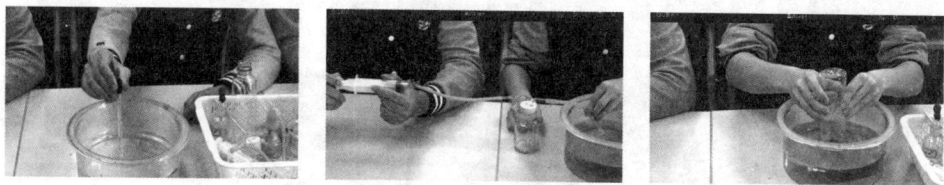

图3-2 实验过程图

③归纳：拉瓦锡测定空气中氧气含量的思路和方法：

发现问题→提出猜想→设计方案→进行实验→得出结论→进行反思。

（2）用红磷代替汞进行拉瓦锡实验的模拟实验。

①引导学生通过阅读课本分析实验原理；

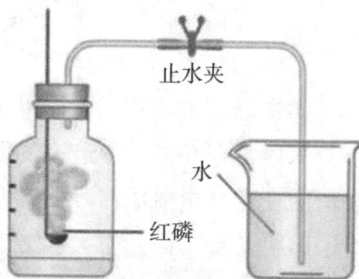

图3-3 实验装置图

②引导学生通过小组讨论归纳实验步骤及注意事项；

③学生代表进行实验演示，全体同学观察现象，得出结论；

④引导学生将本实验方案与拉瓦锡的曲颈甑实验进行对比分析，找到各自的优缺点；

⑤讨论：针对红磷在空气中燃烧产生大量白烟污染空气的弊端，可以如何改进装置？（课堂讨论，课后落实，下节课展示）

（3）积极探索，改进实验装置，进行创新实验展示。

①学生通过课后探究，设计了多种改进方案并进行交流，如下图的三种方案：

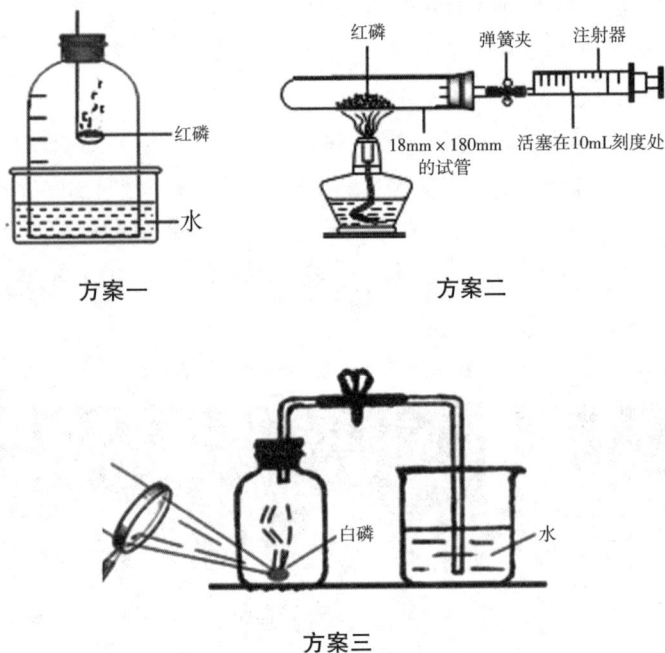

图 3 - 4　三种实验方案

学生通过讨论和实验得出了以下结论：方案一在钟罩内进行实验，减小了部分水残留在导气管中造成的误差，但还是需要在空气中点燃红磷，大量白烟会泄露在空气中造成污染，且燃烧匙伸入的速度也会影响结果；方案二学生进行了多次实验，误差很大；方案三的白磷在实际操作中很难被点燃。在这三种方案都不理想的情况下，学生又进行了更深层次的思考和讨论，最后，有学生联想到了物理课用到的电热丝，能不能通过电热丝通电发热点燃红磷呢？学生立马行动，设计实验装置，进行实验，取得了成功。详细装置见图3-5。

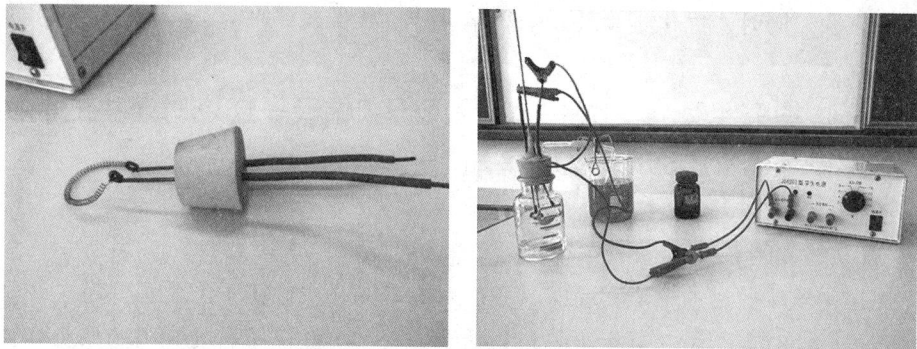

图3-5 使用电热丝的创新装置

【实验反思】

本课题教师引领学生进行探究，虽然花费了不少时间，但收获很大。通过该实验，培养了学生的科学素养，具体表现在以下几方面：

（1）探究物质本质：氧气是空气中的重要成分之一，通过测定氧气含量的实验，学生可以了解空气的组成和性质，探究物质的本质和变化规律。这有助于他们更好地理解化学学科的基础知识。

（2）培养实验技能：实验是化学学科的基本技能之一。通过设计实验方案、进行实验操作、观察记录、分析数据和得出结论等步骤，引导学生认识科学实验的原则和方法，理解科学实验的重要性，培养他们的实验技能和严谨的科学态度。

（3）激发学习兴趣：实验具有趣味性和探究性，通过该实验，学生可以亲身参与探究过程，感受化学学科的魅力，从而激发他们对化学学科的兴趣和热情。

（4）培养创新精神和批判思维：鼓励学生发挥创新精神，通过设计不同的实验方法，并评价不同方法的优缺点，训练学生的批判性思维，对科学研究的成果进行反思和评价，激发他们对科学的深入探究，将所学物理知识灵活应用于解决化学问题，提高了跨学科实践的能力。

（5）培养社会责任和为人类福祉奋斗的精神：通过强调科学家在空气成分研究中的贡献，以及这些研究成果对人类社会的影响，引导学生认识到科学研究的价值不仅仅在于个人成就，更在于为人类福祉和社会发展做出的贡献，培养他们的团队合作精神和国际视野，培养学生的科学素养和创新精神，引导他们树立正确的价值观和人生观。

待改进的地方：可以尝试使用数字传感器等现代化设备，提高实验的精度和可靠性。同时，优化实验装置的气路设计，减少误差来源。

三、探究实验的案例——以探究一次性筷子燃烧时产生的能使石灰水变黄的物质的成分为例

【实验发现】

在化学课做蜡烛燃烧实验时，我们对燃着的一次性筷子产生了好奇。一次性筷子燃烧时会产生二氧化碳吗？为什么熄灭一次性筷子后被烧黑的那头会冒出大量带有特别气味、有一定刺激性的白烟？为了探究一次性筷子熄灭时产生的白烟里含不含二氧化碳，我们将燃着的一次性筷子放入盖有玻璃片的集气瓶中，等到一次性筷子熄灭时产生的白烟充满了集气瓶时，取出一次性筷子并再次点燃，重复刚才的操作。如此几次之后，我们把一些澄清石灰水倒入集气瓶中，盖紧玻璃片并振荡，发现石灰水不仅变浑浊，而且变黄了！

【实验目的】

探究是什么物质使石灰水变黄了。

【实验原理】

经查阅资料得知，一次性筷子在生产过程中要用硫黄熏蒸，而硫黄是黄色的。于是我们猜想，石灰水变黄与一次性筷子中含有的硫元素有关。

取自然掉落的树枝、学校提供的一次性筷子、从小餐馆中拿来的一次性筷子、在某连锁快餐店中拿来的一次性筷子、同学家中使用的木筷子各一支，实验室中提供的纯净硫黄少量，分别把它们在酒精灯上点燃，用装有石灰水并配有玻璃片的集气瓶收集它们的燃烧产物，振荡集气瓶，观察石灰水是否变黄。

【实验用品】

一次性木筷 3 支、家用木筷 1 支、树枝、集气瓶 5 个、玻璃片若干、硫黄、石灰水、火柴等。

【实验步骤】

（1）取学校提供的一次性筷子、从小餐馆中取得的一次性筷子、在某连锁快餐店中取得的一次性筷子各一支，每支点燃一次，放入不同的集气瓶中收集产生的气体和白烟，振荡集气瓶，发现石灰水无明显变化。

分析：收集次数过少，可能导致能使石灰水变黄的物质浓度太低，无法与石灰水充分发生化学反应。

（2）各取三种筷子一支，每支筷子都按以下方法进行实验操作：点燃筷子，放入盖有玻璃片的集气瓶中，当筷子熄灭且集气瓶中充满了白烟时，取出筷子并重复之前的操作。当重复操作了三次时，盖紧玻璃片并振荡集气瓶，观察石灰水是否变黄。我们发现不论是哪种一次性筷子，石灰水均有不同程度的明显变黄，而且学校提供的一次性筷子的变黄程度＞小餐馆中的一次性筷子＞快餐店中的一次性筷子，石灰水变黄的程度恰好与筷子的质量好坏密切相关。

（3）取同学家中使用的木筷一支，按（2）中的方法进行操作，之后盖紧玻璃片并振荡集气瓶，发现集气瓶中的石灰水也变黄了，但变黄程度比燃烧一次性筷子稍浅。

分析：超市里卖的木筷质量比一次性筷子好，含硫量比一次性筷子低。

（4）取两根自然掉落在地上的树枝分别进行实验，发现石灰水基本不变黄或有少量变黄。

分析：树枝中不含硫或仅含少量因人类活动而产生的硫，而一次性筷子因接受了硫黄熏蒸而含有大量的硫，因此可初步得出结论：石灰水变黄和硫元素燃烧时产生的某种物质有关。

（5）为验证（4）中得出的结论，我们用纯净硫黄进行了实验。

由实验结果可见，单纯燃烧硫黄所产生的物质没有使石灰水变黄，而且掉落在石灰水中的硫黄粉末不会溶解，也没有使石灰水变黄。

分析：石灰水变黄可能还与木筷中含有的碳有关。

（6）为得出石灰水变黄的原因，我们查阅了资料，知道点燃后的木筷与空气中的水蒸气发生化学反应，产生了一氧化碳和氢气。氢气与木筷中含有的硫元素在高温下发生化学反应，产生了硫化氢。硫化氢与石灰水发生反应，产生了硫化钙和水。因为硫化钙是黄色的，所以溶解在石灰水中的硫化钙会让石灰水变黄。同时，我们发现一次性筷子燃烧时还可能产生下列能让石灰水变黄的物质：

$Ca(HSO_3)_2$为无色或微黄色固体，溶液为淡黄绿色液体，有强烈二氧化硫般的刺激性气味。

CS_2由硫和碳在高温下生成，为微黄色，是具有烂萝卜味的液体。

由于知识储备和实验条件有限，我们暂时无法验证在木筷燃烧试验中，使石灰水变黄的是上述哪种物质。

【实验结论】

用装有澄清石灰水的集气瓶多次收集一次性筷子燃烧产生的气体和白烟，

一次性筷子中含有的碳元素和硫元素与空气中的水蒸气等气体发生化学反应形成的物质会使集气瓶中的石灰水变黄，且木筷质量越差，石灰水变黄的程度越高。而用含有大量碳元素但基本不含硫元素的树枝做上述实验，石灰水基本不会变黄。因此，木条的硫元素含量越高，石灰水变黄的程度就越高。

过量的硫会损害人体健康，而一次性筷子中含有大量的硫，因此，我们平常应尽量避免使用一次性筷子。而超市中售卖的家用木筷也含有一定量的硫，因此，为了身体健康着想，家庭中应多用其他材质的筷子而少用木筷。同时，如果一定要使用木质筷子，应尽量避免将其放置在沸水中（如在吃火锅时用木质筷子在锅中夹菜），因为高温下木筷中的硫更容易与其他物质发生反应，从而释放出对人体有害的物质。

【教师感想】

以上内容全部出自学生的实验报告，本次实验探究是初中化学课程没有涉及的，学生在做蜡烛燃烧实验时，对燃着的一次性木筷产生了好奇，并对它燃烧的产物进行检验，但在用石灰水检验生成物二氧化碳时，又发生了意外现象，石灰水不但变浑浊而且还变黄了。可贵的是学生没有放弃探索这个意外现象，而是充满了探究的欲望，他们利用课余的时间不断进行试验，每次都有新发现。虽然初中学校实验条件有限，最终没有得出准确的答案，但孩子们这种像科学家一样敢于发现问题并进行实验探索的精神感动了笔者，实验结束后，他们还根据实验结果向全校师生发出了拒绝使用一次性木筷的倡议。这就是教育的真正意义，因此，笔者将学生的此次探究记录下来，希望他们勇往直前，不断探索，不断创新。

四、探究实验的案例——以二氧化碳制取的研究为例

【教学目的】

（1）探究实验室制取 CO_2 的反应原理，探究实验室制取 CO_2 的装置并分析其优缺点，利用设计的装置制取 CO_2，体验、反思和完善实验设计，掌握基本实验技能，体验化学实验的方法的科学性，能进行初步的科学探究活动。

（2）通过对实验室制取气体的各环节的一般思路和方法的分析，培养学生构建实验室制取气体的思路和方法的模型。

（3）通过小组活动、实验探究、归纳整理、对比研究等学习方式来使学

生的主体意识、能动意识和创新意识不断地得到发展，学会批判性思维，对科学研究的成果进行反思和评价，激发学生对科学的深入探究。

【学情分析】

氧气实验室制法的学习，已使学生具备了一些气体制备的思路和实践经验。学生对化学尤其是化学实验充满兴趣，但由于学生接触化学的时间不长，实验动手能力和分析能力较弱，还不具备自主的实验探究能力。在本节课的教学中，教师要注意引导学生根据已有的知识进行迁移，通过简单的实验设计和比较，提炼气体制取的一般设计思路。学生制取二氧化碳很容易，但是通过二氧化碳制取的研究学会自主选择反应原理，自主设计实验装置，能够掌握一般气体制取的方法，能够依托于化学核心素养进行真实的化学学习并不容易。实现两者是本节课教学设计的宗旨。

【实验用品】

实验药品：大理石、碳酸钙粉末、碳酸钠粉末、稀盐酸、稀硫酸、石灰水。

实验仪器：集气瓶、单孔橡皮塞、双孔橡皮塞、导管、橡皮管、烧杯、止水夹、锥形瓶、大试管、注射器、长颈漏斗、分液漏斗等。

【教学流程图】

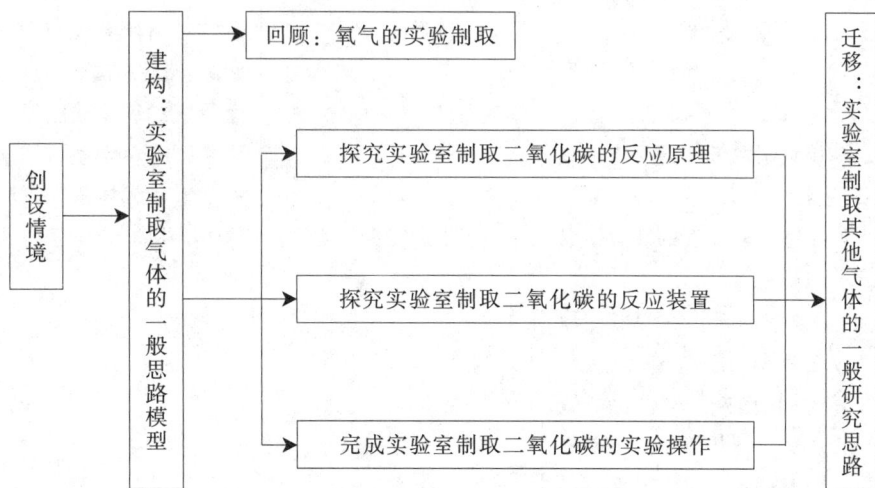

图3-6 制取气体教学流程图

【教学过程】

教师活动	学生活动	设计意图
（一）创景激趣，明确目标 　打开雪碧、可乐、啤酒等饮料的瓶口，我们会发现大量的气泡，这些是什么气体的气泡？怎样验证呢？（教师用可乐等饮料做演示实验） 　可见，可乐饮料中逸出的气体确实是二氧化碳。引出二氧化碳，实验室中二氧化碳是如何制取呢？从而引出课题。 　【板书】二氧化碳制取的研究	观察、思考、回答，学生代表演示实验。	用学生熟悉的可乐演示实验引入新课，拉近化学与生活的距离，激发学生的学习兴趣和求知欲，为学习新知识做好铺垫，同时也为后面二氧化碳验证和验满的研究埋下伏笔。
（二）知识回顾，建构模型 　【过渡】在第二单元，我们曾研究过实验室制取氧气的方法，请同学们回顾相关知识。 　【回忆】实验室如何制取氧气？ 　实验室制取氧气的反应原理有哪些？ 　实验室制取氧气的装置由哪几部分组成？ 　【温故而知新】实验室制取氧气发生装置的选择。 　【小结】选择气体发生装置的依据：反应物状态及反应条件（固液不加热型、固固加热型）。 　【过渡】刚才我们选择了气体发生装置的依据，那么如何选择收集装置呢？	明确学习目的。 学生回忆、归纳。	通过对制取氧气知识的回顾，从方法的角度，为明晰二氧化碳制取的研究思路奠定基础，增强学生对气体研究方法的认识体验。

（续上表）

教师活动	学生活动	设计意图
【温故而知新】实验室制取氧气收集装置的选择。 实验室制取气体的装置确定 发生装置　反应物的状态　固体和固体的反应 　　　　　　　　　　　固体和液体的反应 　　　　　反应条件　是否需要加热、加催化剂 收集装置　排空气法　密度比空气大　向上排空气法 　　　　　　　　　　密度比空气小　向下排空气法 　　　　　排水法　不易溶于水、不与水反应 【小结】选择气体收集装置的依据：气体的密度及水溶性（排水集气法、向上排空气法、向下排空气法）。 A　B　C　D　E 【提问】我们已经学习了氧气的实验室制取，那么实验室又是如何制取二氧化碳的呢？ （三）合作探究，讨论释疑 联系前面所学的能产生二氧化碳的反应，小组讨论：这些反应能否用于在实验室制取二氧化碳？简要说明理由。（提示：从生成气体是否纯净、易于收集，产生气体的速度是否适中，操作是否简便等方面来考虑。） 【提供资料】 科学家研究发现：凡是含碳酸根离子（CO_3^{2-}）的化合物都能与稀盐酸（HCl）或稀硫酸（H_2SO_4）等在常温下反应生成CO_2气体。	回忆实验室制取氧气的药品及反应原理。 复习实验室制取氧气发生装置的选择。 小结选择气体发生装置的依据。 学生讨论，得出结论。 学生分组实验。 实验步骤： （1）在编号为①②③④的试管中预先装入了等量的碳酸钠粉末、碳酸钙粉末和石灰石； （2）现将预先装入注射器的等量且浓度相同的稀盐酸、稀硫酸溶液注入试管（①②③号倒入稀盐酸，④号倒入稀硫酸），请4位同学同时注	选择反应原理是推理的过程。在学生已有的认知中，动植物的呼吸、木炭的燃烧等都能产生二氧化碳，而这些物质可作为制取二氧化碳的反应物，它们在组成上均含有碳元素，体现了质量守恒定律中的元素守恒，渗透了变化观念与守恒思想的核心素养。

（续上表）

教师活动	学生活动	设计意图
生活中常见的石灰石、大理石、蛋壳、贝壳、水垢等主要成分都是碳酸钙（$CaCO_3$），纯碱是碳酸钠（Na_2CO_3）。 　　分组实验探究：实验室制取二氧化碳原理的探究。 　　设计以下药品之间的反应来制二氧化碳： 　　（1）碳酸钠粉末与稀盐酸反应； 　　（2）碳酸钙粉末与稀盐酸反应； 　　（3）石灰石与稀盐酸反应； 　　（4）石灰石与稀硫酸反应。 　　【提问】哪一个反应更适合在实验室里制取二氧化碳？ 　　探究实验室制取二氧化碳的理想原料是什么呢？ 　　【结论】实验室制取二氧化碳的药品及反应原理：大理石（或石灰石）和稀盐酸。 　　【板书】反应原理：$CaCO_3 + 2HCl = CaCl_2 + H_2O + CO_2\uparrow$ 　　【过渡】我们已经知道了制取二氧化碳的药品，现在就要选择制取二氧化碳的装置，如何选择一套合理的装置制取二氧化碳？ 　　【合作交流】 　　比一比：以下仪器可供设计制取二氧化碳的发生装置时选择，你也可以另选或自制仪器，还可以利用代用品。	入酸性溶液，其他同学观察气球变化和试管中的现象，做好记录。 　　【提示】注意观察实验现象，并对反应速率进行比较。	培养学生合作学习、合作实验的能力，培养探究精神。 　　学生选择反应原理的依据即为推理的依据，构建气体制取原理一般方法的模型认知，建立解决化学问题的思维框架，体现证据推理与模型认知的核心素养。

（续上表）

教师活动	学生活动	设计意图
（1）注射器 双孔 　　根据以下资料，以小组为单位交流讨论，从桌子上给定的仪器剪纸中选择适当仪器，尽可能多地设计出制取二氧化碳的装置。 　　【点评】对各组所选装置进行一一点评。 　　【提问】为什么这样选？在提供的仪器中，哪些仪器是不需要用到的？哪些仪器可以作为反应容器？ 　　【板书】发生装置和收集装置。 　　【出示】幻灯片上多种制取二氧化碳装置图。注意：如果选择用试管作为反应容器，就一定要使用铁架台进行固定。 　　【过渡】现在我们选好了实验装置，下面就要制取一瓶二氧化碳。 　　【思考】实验室制取二氧化碳的步骤有哪些？快速列出实验室制取二氧化碳的正确步骤。 　　【补充】其实在收集气体前要检验气体，最后还要进行验满，那么如何检验和验满二氧化碳气体呢？ 　　【思考】怎样检验生成的气体是二氧化碳？	【成果展示】让各位组长到讲台展示并讲解本组设计的装置。 学生归纳实验室制取二氧化碳的正确步骤： （1）组装仪器； （2）检查气密性； （3）装入药品（先固后液）； （4）收集气体； （5）检验、验满气体。	让学生根据分解过氧化氢制取氧气的发生装置推理实验室制取二氧化碳的发生装置，以药品的状态和反应条件作为推理的证据，建立实验室制取气体发生装置的模型认知；通过选择最适合制取二氧化碳的装置让学生养成实事求是的探究态度。 提升学生的实验装置创新能力，培养实验创新意识、科学精神与社会责任的核心素养。

（续上表）

教师活动	学生活动	设计意图
怎样证明集气瓶收集满二氧化碳？ 【板书】检验和验满。 　分组实验实验室制取一瓶二氧化碳。 　选择教材 P115 图 6－12 的装置制取二氧化碳，再一次强调实验室制取二氧化碳的步骤。 　（四）分组实验，巡回指导 　提醒学生注意安全。 【讨论】长颈漏斗管口应伸入液面以下，防止产生的气体从漏斗口跑出。导气管应该伸入集气瓶底部，防止收集到的氧气不纯。 【过渡】本节课你有哪些收获？ 　（五）展示点评，总结升华 【归纳小结】 　归纳实验室制取气体的思路。 　小结实验室制取二氧化碳的方法。 　①反应原理：$CaCO_3 +$ $2HCl \xrightarrow{\quad\quad} CaCl_2 + H_2O + CO_2\uparrow$ 　②装置选择：发生装置和收集装置。 　③制取时的实验步骤。 　④CO_2 检验方法和验满方法。	学生小组分工合作进行实验，并认真观察实验现象。 思考、回答。 归纳实验室制取气体的思路是：确定制备气体的反应原理，也就是确定反应物及反应的化学方程式→确定气体的制取装置，气体制取的装置包括发生装置和收集装置两部分，发生装置确定的依据是什么？收集装置确定的依据是什么？→确定气体验证、验满方法，一般而言，气体验证、验满利用的是气体的化学性质。 完成相关练习，讨论交流，听讲，纠错。	让学生掌握制取二氧化碳实验操作技能，突出重点，突破难点。培养动手能力、语言表达能力、团队精神，增强学生学习化学的兴趣。 让学生对所学知识及时进行总结、反思、归纳。了解学生对本节知识的掌握情况。

（续上表）

教师活动	学生活动	设计意图
（六）训练反思，拓展思维 将学习到的实验室制取气体的一般思路模型迁移到其他气体的制取中。 【课后作业】 （1）查阅资料：二氧化碳的"功过是非"。 （2）已知贝壳、鸡蛋壳、水垢、钙片中主要成分是碳酸钙，请你利用生活中的物品制取二氧化碳。 【课后拓展】 问题1：小明在实验室已经完成 CO_2 的制取实验，可此时发生装置内反应还在继续，如何让反应马上停止呢？请各小组设计实验装置。 问题2：实验室里的大理石已经用完了，只能用碳酸钠粉末和稀盐酸反应制取 CO_2，如何改进已有的装置实现控制反应速率呢？ 	完成相应的作业。 学生讨论、交流、设计实验装置。 学生动手动脑，小组分工合作进行实验设计。 相互交流心得体会，并讨论每套装置的优缺点。	扩充学生的知识面，将课本知识和生活实际联系起来，学以致用。 通过设计不同的制取二氧化碳的装置，学生可以了解到不同方法的优缺点，发挥创新精神，尝试不同的想法和方法。培养学生的创新意识和能力。提高他们的实验技能，培养解决问题的能力、团队协作能力，并激发他们的创新精神。

【教学反思】

在本次课程中，我采用了演示实验、分组讨论和小组实践操作的教学方法，让学生深入探讨实验原理和操作方法，最后在确保安全的前提下，让学生亲自进行实验操作。在二氧化碳制取实验中，学生积极参与，互相协作。他们在实验过程中不断提问，对实验原理和操作方法有了更深入的理解，构建了实验室制取气体的方法模型。通过分组讨论，学生能够互相学习，共同解决问题，取得了良好的学习效果。

五、探究实验的案例——以不同物质灭火方法的探究为例

【实验目的】

（1）进一步了解燃烧的条件和灭火的原理。

（2）探究不同物质着火时如何灭火。

（3）通过实验培养学生的动手能力和观察能力，分析解决问题的能力和合作交流能力。

（4）知道防火和自救的常识，培养自护自救能力，增强安全防范意识。

【实验原理】

了解燃烧的现象，掌握燃烧的三要素，从而理解破坏燃烧的任一条件，就可以达到灭火的目的。但在现实生活中，火灾发生时，一定要根据不同的起火材料，找到合适的灭火方法。

【实验仪器和药品】

蜡烛、酒精灯、铁锅、锅盖、打火机、火柴、木条、剪刀、水、沙子、烧杯、碳酸钠粉末、盐酸、湿抹布、蔬菜等。

【实验内容】

活动一：用不同的方法熄灭燃烧的蜡烛。

灭火方法和灭火原理：

	灭火方法	灭火原理
1	用嘴吹灭	使温度降到着火点以下
2	用书本或扇子扇灭	使温度降到着火点以下
3	用玻璃杯罩住	隔绝空气

（续上表）

	灭火方法	灭火原理
4	将蜡烛放到烧杯中，向杯中加入 碳酸钠粉末和稀盐酸	隔绝空气
5	用剪刀剪去灯芯	隔离可燃物
6	在蜡烛火焰上方罩一个冷的螺旋铜网	使温度降到着火点以下

活动二：探究熄灭着火的纸箱的方法。

灭火方法和灭火原理：

	灭火方法	灭火原理
1	用水扑灭	使温度降到着火点以下
2	用沙子扑灭	隔绝空气

活动三：探究酒精灯因酒精洒出引起失火的灭火方法。

灭火方法和灭火原理：

	灭火方法	灭火原理
1	用湿抹布扑盖	降温且隔绝空气
2	用沙子扑灭	隔绝空气

活动四：探究熄灭着火的油锅的方法。

灭火方法和灭火原理：

	灭火方法	灭火原理
1	盖上锅盖	隔绝空气
2	向锅里倒入大量洗好的新鲜蔬菜	降温且隔绝空气

活动五、探究电路引起失火的灭火方法。

灭火方法和灭火原理：

	灭火方法	灭火原理
1	切断电源，用沙子扑灭	隔绝空气
2	切断电源，使用干粉灭火器	隔绝空气

【实验反思】

燃烧必须同时具备三个条件：可燃物、空气和温度，只要能去掉一个燃烧的条件，火即可熄灭。我们只要掌握了基本的灭火原理，就可以根据客观的实际情况创造出多种多样具体有效的灭火方法。

（1）隔离法：将周围的可燃物隔离或移开，燃烧就会因为缺少可燃物而停止。例如关闭电源、可燃性气体、液体管道阀门，森林着火开辟隔离带等。

（2）窒息法：阻止空气的流入，使燃烧物得不到足够的氧气而熄灭，如用湿抹布、沙子、二氧化碳等物质覆盖在可燃物的表面进行灭火。

（3）冷却法：将灭火剂直接喷射到燃烧物上，降低燃烧物的温度，使燃烧停止。如用水来熄灭纸箱的火，用液态二氧化碳扑灭图书档案室的着火。

【课堂练习】

1. 某同学在研究物质燃烧的条件时，做了如图所示的实验：把一条粗金属丝绕成线圈，罩在一支蜡烛的火焰上，火焰很快就熄灭了。对这一实验的说法不正确的是（　　）。

　　A. 金属丝有良好的导热性

　　B. 金属线圈内的气体温度升高了

　　C. 可燃物的温度降到了着火点以下

　　D. 若预先将金属丝加热，蜡烛就不会很快熄灭

2. 液化石油气是一种常用的家庭燃料，泄漏时如果处理不当，常常会酿成悲剧。为了安全起见，最好在厨房安装报警器，如果报警器显示有液化气泄漏，应立即采取的措施是（　　）。

　　A. 赶紧打开厨房中的电灯，找出漏气部位

　　B. 关闭气源阀门，并打开门窗通风

　　C. 迅速跳窗，逃离现场

　　D. 在厨房内及时用手机拨打火警电话

3. 水蒸气能点燃火柴吗？做如图所示实验，加热烧杯中的水使之沸腾，水蒸气通过加热的铜管喷出；把火柴靠近铜管处，火柴被加热；把火柴迅速从蒸汽中移开，火柴燃着了。

（1）A 处气压大于标准大气压，则烧瓶内沸水的温度应_____100℃。（填"＞""＜"或"＝"）

（2）B 处水蒸气对点燃火柴的作用是_____。

（3）为什么移离水蒸气火柴才能燃烧？_____。

答案：1. B；2. B；

3.（1）＞；（2）加热使火柴温度达到着火点；（3）移离水蒸气能保证有充足的氧气

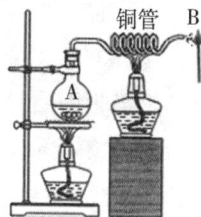

【拓展延伸】

二氧化碳是常用的灭火剂，但活泼金属，如钠、钾、镁等着火时，由于它们既可以与空气中的氧气反应，还可以与二氧化碳、氮气及水等物质反应，用二氧化碳和水等灭火反而会使火焰更加剧烈。因此只能采取隔绝空气或隔离可燃物的方法来灭火，如用沙土扑灭。

【教学反思】

教师要教会学生学以致用，但更要教会学生遇到意外时临危不惧，具体情况具体分析，沉着、冷静寻求帮助。

六、探究实验的案例——以自制酸碱指示剂为例

【实验目的】

学生能够理解酸碱指示剂的原理，探究在生活中，哪些植物的茎叶可以作为酸碱指示剂。掌握酸碱指示剂的制作方法，培养对实验操作的观察力和实验技能，并能够在日常生活中使用酸碱指示剂进行简单的酸碱测试。

【实验原理】

酸碱指示剂（acid-base indicator）是一类结构较复杂的有机弱酸或有机弱碱，它们在溶液中能部分电离成指示剂的离子和氢离子（或氢氧根离子），并且由于结构上的变化，它们的分子和离子具有不同的颜色，因而在酸碱性不同的溶液中会呈现出不同的颜色。

许多植物的花、果、茎、叶中都含有色素，主要是花青素。花青素在不同的酸碱环境中，能呈现出不同的颜色，因此可用作酸碱指示剂。

【实验方法】

学习实验守则→课前预习、设计实验→分组实验→得出结论。

【课时安排】

1 课时。

【实验用品】

实验器材：研钵、研杆、烧杯、滴管、点滴板、纱布、酒精溶液。

作为指示剂的植物：紫甘蓝、月季花、紫菊花、胡萝卜、紫荆花、炮仗花。

实验药品：NaOH 溶液、石灰水、硫酸、盐酸、梨汁、橙汁、牛奶、苏打溶液、肥皂水、食醋、紫色石蕊。

【实验步骤】

（1）检查实验桌上实验室提供的实验用品是否齐全、完好、干净。

（2）把紫甘蓝、紫荆花、月季花瓣、紫菊花花瓣撕成小碎片，胡萝卜去皮，切成小碎块。

（3）把药品放入研钵中，加 1～2mL 酒精溶液，在研钵中捣碎。

（4）把纱布放在烧杯上，用纱布过滤出滤液。仔细观察滤液（即自制酸碱指示剂）的颜色，并记录下来。

（5）分别取少量 NaOH 溶液、石灰水、肥皂水、硫酸、盐酸、梨汁、橙汁、牛奶、苏打溶液、食醋、石蕊放入点滴板中，观察其原来的颜色并记录下来。

（6）用滴管分别向点滴板各溶液中滴入 2～3 滴指示剂，观察其变化并记录。

【实验记录】

	NaOH 溶液	石灰水	肥皂水	硫酸	盐酸	梨汁	原材料颜色	试剂原颜色	是否适合做酸碱指示剂
指示剂1：紫甘蓝	绿色	绿色	绿色	桃红色	桃红色	桃红色	紫色	紫色	是
指示剂2：月季花	黄褐色	黄褐色	黄褐色	浅红色	浅红色	浅红色	红色	紫红	是
指示剂3：紫菊花	绿色	绿色	绿色	桃红色	桃红色	桃红色	紫色	紫色	是

（续上表）

	NaOH溶液	石灰水	肥皂水	硫酸	盐酸	梨汁	原材料颜色	试剂原颜色	是否适合做酸碱指示剂
指示剂4：胡萝卜	黄色	黄色	黄色	黄色	黄色	黄色	橙色	黄色	否
指示剂5：紫荆花	绿色	绿色	绿色	桃红色	桃红色	桃红色	紫色	紫色	是
指示剂6：炮仗花	黄色	黄色	黄色	黄色	黄色	黄色	黄色	黄色	否
指示剂7：紫色石蕊	蓝色	蓝色	蓝色	红色	红色	红色	紫色	紫色	是

【实验总结】

请同学们回顾整个实验过程，总结学习到的知识和技能，反思实验中遇到或发现的问题，提出改进意见或进行下一步研究。

【实验评价】

（1）在整个实验教学过程中，教师要适时提醒学生注意安全和正确操作实验。

（2）实验结束后，教师请学生对本次实验进行总结，评估学生是否理解酸碱指示剂的原理，是否掌握了酸碱指示剂的制作方法，以及是否能够在日常生活中使用酸碱指示剂进行简单的酸碱测试。

（3）实验数据记录和分析的规范性和准确性，学生实验组之间的平等性和是否遵循科学实验基本原则将成为有效的评估因素。

【实验反思】

在实际生活中，实验室的酸碱指示剂多用紫色石蕊和无色酚酞。但通过实验，我们可以得出，比紫色石蕊测酸碱性好的植物有很多，像紫甘蓝等。紫甘蓝遇到酸碱溶液变化的颜色比紫色石蕊变得更加鲜艳，也更加容易辨别。紫色石蕊反而在遇到碱溶液时变成的蓝色很难与其本身的紫色进行区分。通过本实验，我们可以看出，紫色石蕊很稳定；不像紫甘蓝一样，紫甘蓝虽然变化的颜色很鲜艳，但在过了一段时间后其颜色也就发生了变化。所以我们可以得出：紫色石蕊因为其稳定才成为实验室中常用的酸碱指示剂，而不是因为其辨别酸碱性优秀。同时，引导学生辩证看待问题。

【实验拓展】

向不同浓度的白醋和小苏打溶液中滴入紫甘蓝汁，会有五彩缤纷的效果。

七、探究实验的案例——以氢氧化钠溶液与二氧化碳反应的探究为例

【教学目标】

（1）练习观察、记录、分析实验现象，掌握化学实验探究的思路和方法。

（2）通过分组讨论、实验探究等方法理解氢氧化钠溶液与二氧化碳反应的实质，培养与他人分工协作、沟通交流、合作解决问题的能力。

（3）初步认识利用所学的化学、物理、工程融合解决跨学科问题的思路和方法。

（4）理解并掌握碱的化学性质，构建探究没有明显现象的化学反应的模型和方法。

（5）通过对实验方案进行分析讨论，大胆提出不足和改进措施，培养学生严谨的科学态度和创新意识。

【教学思路】

（1）提出问题：将二氧化碳通入氢氧化钠溶液中，无明显变化，二者发生化学变化了吗？

（2）猜想与假设：①氢氧化钠溶液与二氧化碳发生了反应，二氧化碳被吸收，容器内气压减小；②氢氧化钠溶液与二氧化碳发生了反应，生成了新的物质碳酸钠。

（3）设计方案：实验方案的设计→检验装置的设计→讨论设计方案（小组代表解说设计思路，其他同学提出疑问并提出解决方法，得出最优实验设计方案）。

（4）实验验证：

①实验步骤：组装实验装置→检验装置的气密性→实验→观察实验现象并记录→实验结束→整理仪器。

②小组任务：根据设计实验方案进行组装实验装置→检查装置的气密性→收集二氧化碳→加试剂→反应→观察并记录实验现象→拍下视频→做成微课→汇报展示。

【教学过程】

教师演示实验：将二氧化碳气体分别通入氢氧化钠溶液和石灰水中。

教师：在实验过程中，同学们看到了什么现象？

学生：石灰水变浑浊，而氢氧化钠溶液无明显变化。

教师：无明显现象，是否两者没有发生化学反应呢？

学生：不一定，可能发生了反应但没有明显现象，也可能根本没有发生反应。

教师：上两节课我们已经以小组为单位，设计实验方案并进行实验，探究两种物质是否发生了反应。下面请各组同学汇报本组的实验成果，先请第一组代表。

小组展示 （方案讲解并播放微视频）	方案设计装置图	师生提问或评价
第一组：CO_2 与 NaOH 溶液的反应，是气体被吸收进溶液的反应，气体减少了，会使气压减小。因此我们设计的方案是：在矿泉水瓶中收集满 CO_2，迅速倒入少量 NaOH 溶液，盖好瓶盖，振荡，发现塑料瓶立即严重变瘪。由于二氧化碳溶于水，也会导致气压减小，所以我们用等体积的水做了对比试验。	 向两瓶充满二氧化碳气体的矿泉水瓶中分别加入等体积水和 NaOH 溶液，振荡后再展示，一支矿泉水瓶变化不大，另一支严重变瘪。	学生1：效果好，现象很明显，而且还做了对比试验，很有说服力。 学生2：第一小组同学实验方案设计合理，现象明显直观，通过对比试验，增强了科学性和准确性，实验探究非常成功。

（续上表）

小组展示 （方案讲解并播放微视频）	方案设计装置图	师生提问或评价
第二组：我们组选用的是酚酞溶液，设计的原理是氢氧化钠溶液呈碱性，可使酚酞变红，若反应生成碳酸钠，碳酸钠是盐，溶液的红色消失或变浅。但在反应中，我们没有看到预期的现象。所以，我们认为自己的设计是要改进的。 第三组：我们组的设计原理和第一组相似，也是利用二氧化碳被吸收后气体压强减小来进行探究的。先在两个一样规格的集气瓶里收集满二氧化碳气体，塞上双孔塞。双孔塞的一边插上注射器，一边插上导气管与U型连通管相连。左侧滴管吸满浓氢氧化钠溶液，右侧滴管吸满水。连接好装置后，将滴管中的液体分别全部挤入集气瓶中，振荡，一会儿，可观察到U型管的液面左低右高。通过对照，说明将二氧化碳能与氢氧化钠溶液反应。	在取好氢氧化钠溶液的试管中滴加无色酚酞溶液，再向溶液中通二氧化碳，红色没有消失。 在U型管中滴加红墨水，U型管两边连接装有二氧化碳的集气瓶，向两边分别加入等体积的水和氢氧化钠溶液，U型管中液面左高右低。	学生3：我们组刚开始也设计了这个方案，但后面我们查资料知道碳酸钠溶液也呈碱性，而且知道溶液碱性强弱对酚酞溶液变红的影响不稳定。所以，不能用酚酞试液来验证。 教师：非常好，碳酸钠俗称"纯碱、碱面"就是因为它的水溶液呈碱性，大家要注意，呈碱性的溶液不一定是碱的溶液。 学生4：通过连通器原理进行对照实验，充分证明了二氧化碳能与氢氧化钠溶液反应，现象明显，效果好。

（续上表）

小组展示 （方案讲解并播放微视频）	方案设计装置图	师生提问或评价
第四组：我们组也是利用若二氧化碳被吸收则气体压强减小的原理进行实验的，先用锥形瓶收集满二氧化碳，事先准备好带玻璃导管和胶头滴管的双孔胶塞，在导管下端绑好气球。 将气球伸入锥形瓶中，再用滴管向瓶中滴加浓氢氧化钠溶液，振荡，观察现象。请同学们预测一下，会出现什么样的变化？	锥形瓶里收集满了二氧化碳，塞上事先准备好带玻璃导管和胶头滴管的双孔胶塞，将氢氧化钠溶液挤入瓶中，观察到气球逐渐膨胀。 NaOH溶液 CO$_2$ 小气球	学生5：气球会膨胀。 因为瓶内的二氧化碳气体被氢氧化钠溶液反应掉后，瓶内气压减小，外界空气沿导管进入，将气球吹鼓了。 教师：太棒了！为同学们的表现点赞！
第五组：同学们，在我们组展示实验方案之前，我想先考考大家。请大家写出二氧化碳与石灰水反应的化学方程式，并仿照这个原理，写出二氧化碳与氢氧化钠溶液反应的方程式。 很好。前面我们学过实验室制取二氧化碳的反应原理是： $CaCO_3 + 2HCl = CaCl_2 + H_2O + CO_2\uparrow$ 依据该原理，我可以写出：$Na_2CO_3 + 2HCl = 2NaCl + H_2O + CO_2\uparrow$ 我们组方案的设计就源于这个反应。 上一节课我们学习了氢氧化钠溶液与稀盐酸发生中和反应时，无明显现象；但碳酸钠与稀盐酸会剧烈反应，产	在试管中加入少量的氢氧化钠溶液，向其中通入二氧化碳，无明显现象。再向反应后的溶液中滴加稀盐酸，观察到有气泡产生。 CO$_2$ 稀盐酸 NaOH溶液 反应后溶液	学生6：上黑板书写化学方程式： $Ca(OH)_2 + CO_2 = CaCO_3\downarrow + H_2O$ $2NaOH + CO_2 = Na_2CO_3 + H_2O$ 教师：谢谢小曾同学声情并茂、循循善诱的引导和讲解。你们的实验非常成功。但在操作时请注意胶头滴管的正确使用方法，要垂直滴加，不要伸到试管里！请大家再次以热烈的掌声感谢第五组同学们出色的表现！

（续上表）

小组展示 （方案讲解并播放微视频）	方案设计装置图	师生提问或评价
生大量气泡。 事实胜于雄辩，下面请欣赏我们的微视频。（播放微视频）		
第六组：我们组设计的原理跟上一组相似，若反应发生，则有碳酸钠生成。我们也是从检验碳酸钠的角度来设计实验的。我们取了少量反应后的溶液，分别向其中滴加石灰水或氢氧化钡溶液，发现生成了白色沉淀。而向氢氧化钠溶液中滴加上述物质时，却无明显现象，充分证明反应的发生。下面，请大家观看我们组的微视频。（播放微视频）	向氢氧化钠溶液中加入相应物质，无明显现象。 向反应后的溶液中加入氢氧化钡溶液，产生白色沉淀。	请同学们写出以上反应的化学方程式。 $Na_2CO_3 + Ca(OH)_2 =\!=\!=$ $CaCO_3 \downarrow +2NaOH$ $Na_2CO_3 + Ba(OH)_2 =\!=\!=$ $BaCO_3 \downarrow +2NaOH$
教师演示喷泉实验。 同学们的表现非常好，相信你们通过这次探究获得了很多知识。受你们的影响，我也充满了探索的热情，下面，请大家看我现场演示。（演示喷泉实验，随着喷泉喷出，课堂气氛达到高潮）		教师：请大家一边观察，一边思考，本实验要成功的关键是什么。 学生讨论，教师引导，得出结论。

教师总结规律。

教师：精彩的实验展示暂时结束，请同学们对各组的方案进行比较分类，从他们设计的实验原理出发，看看可以怎样分类。

学生讨论、交流。

学生：第一、三、四组同学设计方案和老师演示实验的原理相同，是从二氧化碳气体被氢氧化钠溶液吸收（即反应物减少或消失）后，装置内气体压强发生变化来考虑设计的。第二、五、六组同学是从证明有新物质碳酸钠生成的角度来考虑设计的。

教师：对，由此我们可以总结出以下规律：对于没有明显现象的化学反应，我们可以从以下两个角度证明反应是否发生：①证明反应物不存在或减少了；②证明有新的物质生成。

教师拓展：随着科技的发展，我们也可以利用下图所示的压强传感器证明氢氧化钠溶液与二氧化碳发生了反应。

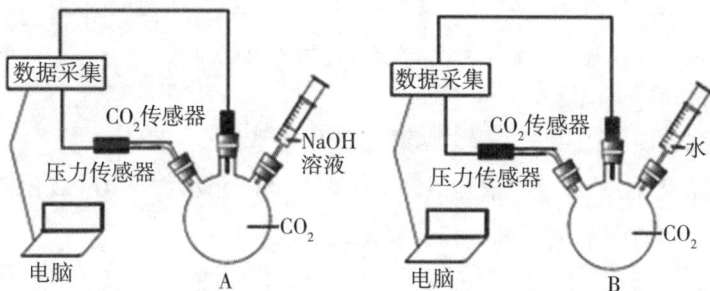

通过比较容器A（加入氢氧化钠溶液）和容器B（加入水）中压强传感器读数的变化，我们可以确认氢氧化钠溶液与二氧化碳发生了反应。这是因为氢氧化钠溶液能够吸收二氧化碳，导致容器内气体体积减小，从而压强降低。而水与二氧化碳的反应微弱，几乎不影响容器内压强。因此，容器A中压强的显著降低是氢氧化钠溶液与二氧化碳发生反应的直接证据。

【课堂小结】

（1）氢氧化钠固体在空气中易_____而潮解；还会和空气中的_____反应而变质。因此，氢氧化钠要保存。

【答案】吸水、二氧化碳、密封

（2）教师引导学生根据所学知识归纳碱的化学性质。

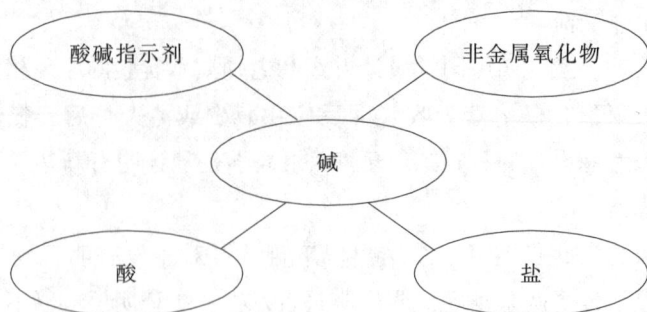

（3）小结实验探究的思路和方法：

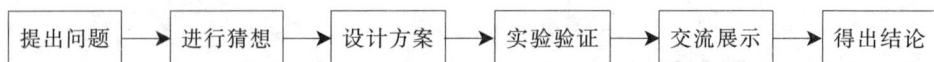

提出问题 → 进行猜想 → 设计方案 → 实验验证 → 交流展示 → 得出结论

【课堂练习】

1. 下列物质可以用来干燥二氧化碳气体的是（　　　　）

A. 氢氧化钠　　　B. 浓盐酸　　　C. 浓硫酸　　　D. 氧化钙

2. 下列物质能鉴别石灰水和氢氧化钠溶液的是（　　　　）

A. 紫色石蕊　　　B. 无色酚酞　　　C. 稀硫酸　　　D. 二氧化碳

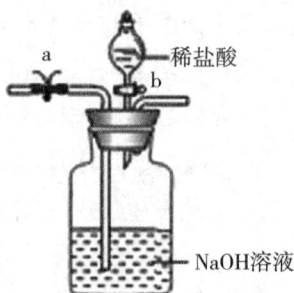

3. 如图所示，装置 a 为弹簧夹，b 为分液漏斗的活塞（通过开、关活塞可以随时滴加液体）。先关闭 b，打开 a，将混有少量 CO 的 CO_2 气体由左侧导管通入，充分反应后，排出的气体主要是_____；然后关闭 a，打开 b，一段时间后，排出的气体主要是_____。

写出反应过程中发生的化学方程式：_____。

【答案】（1）C；（2）D；（3）CO　CO$_2$　$2NaOH + CO_2 =\!=\!= Na_2CO_3 + H_2O$；$Na_2CO_3 + 2HCl =\!=\!= 2NaCl + H_2O + CO_2\uparrow$

【拓展延伸】

（1）实验室有一瓶敞口放置的 NaOH 溶液，请设计实验方案探究它是否变质。

（2）若 NaOH 溶液已经变质，如何设计实验验证是部分变质还是全部变质？

（3）若 NaOH 溶液是部分变质，怎样得到纯净的 NaOH 溶液？

【教学反思】

（1）二氧化碳与氢氧化钠溶液的反应由于实验现象不明显，使学生在学习这一反应时没有感性认识，掌握较难。引领学生对这一现象进行探究，这是一个完整的化学探究实验。我们用了三节课时间：首先提出问题，分组讨论，然后留给学生足够多的时间进行思考，设计实验方案，学生设计出实验方案后，教师先了解学生设计的方案可不可行，最后选出具有代表性的实验方案进行课堂讨论，让学生明确整个探究实验的流程，整个实验的各个步骤，每一步中特别要注意的问题等等，然后给学生足够多的时间进行实验摸索。

（2）本节课把学生在课堂学习中遇到的问题作为课题，引导学生从检验生成物和生成物状态变化引起气压变化两方面思考，设计实验进行探究，验证二氧化碳确实与氢氧化钠溶液发生了反应。该课以点带面，用一个探究问题带动了许多知识的综合巩固应用，涉及的知识面较广，包括酸的性质、二氧化碳的性质、质量守恒定律及相关的物理知识等，进行了学科综合训练，提高了学生跨学科实践的能力。同时，学生通过这一问题找到了没有明显实验现象这类反应的验证方法。课堂上学生积极性高，思维活跃，设计出了许多精彩的实验方案。通过这一探究活动，既培养了学生知识应用能力，发展了学生的创新能力，又使学生明确了探究的一般过程和方法，培养了学生尊重事实的科学态度。

（3）课堂拓展延伸部分提出的如何检验氢氧化钠是否变质，部分变质还是全部变质，变质了如何除杂等问题，由于时间关系，本节课没办法落实到位，接下来应该再用一节完整的课将这部分问题细致解决。

八、探究实验的案例——以植物营养液化学成分的探究为例

科学探究是人们获取新知识、认识客观世界的重要途径。化学课程中的科

学探究是学生主动获取化学知识、解决化学问题的重要实践活动，它对改变学生的学习方法，形成终身学习的能力具有重要的意义。

在科学探究的过程中，学生分析、处理、解决有关化学问题的基本观念、思维方式和思维习惯、科学精神、科学探究意识和探究能力都得到提高，这正是化学核心素养对学生发展提出的要求。

（一）《植物营养液化学成分的探究》备课思路

物质的检验与鉴别物质或离子是否能共存是初中化学酸碱盐部分的延伸，比较难，但是中考常常考，这是初中化学的难点和易错点。本节课从植物营养液的生活实际出发，将这部分枯燥的知识巧妙地和营养液成分的探究结合起来，激发学生的学习兴趣，有助于帮助学生克服畏惧感。三个问题的设计深入浅出、由简到繁、循序渐进。

探究一 1号营养液：现有一种番茄营养液，其中含有氯化钾、硝酸钾，可能含有碳酸钾。请同学们设计实验方案，进行实验探究，确定它是否含有碳酸钾。

【探究步骤】

①同学们设计并交流实验方案确定最优方案；②进行实验探究；③展示实验结果；④总结解决此类探究所需的知识储备。

【设计意图】

这道探究题主要让学生通过实验掌握碳酸根离子的检验。由此出发，复习硫酸根、铵根、氯离子、氢离子和氢氧根离子的检验。

探究二 2号营养液：现有一种花木营养液，可能含有 H^+、NH_4^+、Cu^{2+}、OH^-、CO_3^{2-}、NO_3^-、SO_4^{2-} 中的两种或几种离子，请通过实验确定它的组成。

【探究步骤】

①小组同学设计并交流实验方案；②找出最优方案进行实验探究；③展示实验结果，全体同学分析各方案的优缺点；④总结解决此类探究所需的知识储备。

【设计意图】

这道探究题主要让学生通过实验掌握 H^+、NH_4^+、Cu^{2+}、OH^-、CO_3^{2-}、NO_3^-、SO_4^{2-} 等离子的检验，以及这些离子相互共存的问题。方案中，由溶液呈蓝色，判定有 Cu^{2+}，从而排除了与之不能共存的 OH^-、CO_3^{2-}，方案可以简化。最后，让学生归纳出离子之间不能共存的知识网络图。

$$SO_4^{2-} \text{——} Ba^{2+} \qquad\qquad NH_4^+$$

$$Ca^{2+} \qquad\qquad Mg^{2+}$$

$$Cu^{2+}$$

$$CO_3^{2-} \text{——} H^+ \text{——} OH^-$$

$$Ag^+ \qquad\qquad Al^{3+}$$

$$Cl^- \qquad HCO_3^- \qquad Fe^{2+}$$

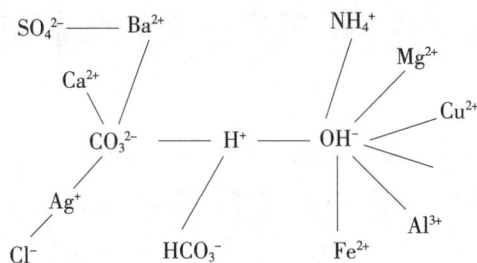

图 3-7　离子网络图

探究三　3号营养液：现有一种蔬菜营养液，含有硝酸钙、氯化铵、硫酸铵、碳酸钾中的一种或几种。请同学们设计实验方案，进行实验探究，确定它的组成。

【探究步骤】

①思考：完成本实验探究最合理的思路和方法。②小组同学设计并交流实验方案，并找出最优方案进行实验探究。③展示实验结果，全体同学分析各方案的优缺点。④归纳并思考问题：检验各成分时，是否会产生干扰？排除这些干扰的方法和试剂？

【设计意图】

这道探究题从离子的检验和共存问题转化为物质的检验和共存问题，层层递进。让学生掌握根据物质组成结构的差异比较化学性质差异，选用试剂，对比不同现象，确定物质是否存在。同时，根据实验现象，进一步理解在检验或鉴别 SO_4^{2-} 或 Cl^- 时，最好选择含 Ba^{2+} 的试剂，而不选用 $AgNO_3$ 溶液的原因。

最后，让学生归纳解决这类探究题的方法和思路。

$$\text{组成结构差异} \xrightarrow{\text{决定}} \text{性质差异} \begin{array}{l} \nearrow \text{选择检验试剂} \\ \searrow \text{排除干扰方法} \end{array} \xrightarrow{\text{决定}} \text{成分鉴定方法}$$

（二）《植物营养液化学成分的探究》教学设计

【教学目标】

（1）通过实验掌握 NH_4^+、H^+、CO_3^{2-}、Cl^-、SO_4^{2-} 的检验。

（2）进一步深入理解离子共存问题。

【评价目标】

（1）通过实验方案的设计和操作，诊断和发展学生的兴趣和热情。

（2）通过实验方案的交流和评价，诊断和发展学生探究的水平和合作能力。

【教学方式】

介绍背景资料→提出实验内容→学生设计方案→交流评价方案→学生实验→教师指导实验→发现问题→提出问题→解决问题→交流与评价。

【教学对象】

初三学生。

【课时安排】

1 课时。

【实验用品】

试管、酒精灯、胶头滴管、植物营养液、所需化学试剂。

【教学过程】

1. 背景介绍

植物营养液是将含有各种植物营养元素的化合物和少量有助于某些营养元素的有效性更为长久的辅助材料，按一定的数量和比例溶解于水中配制而成的溶液。营养液的原料组成：水、含有营养元素的化合物、辅助物质等。

2. 学生活动

学生活动一：现有一种番茄营养液，其中含有 KCl、KNO_3，可能含有 K_2CO_3。请同学们设计实验方案，进行实验探究，确定它是否含有 K_2CO_3。	我的方案：＿＿＿＿＿＿＿＿＿＿＿＿＿＿ ＿＿＿＿＿＿＿＿＿＿＿＿＿＿＿＿＿＿＿ ＿＿＿＿＿＿＿＿＿＿＿＿＿＿＿＿＿＿＿ 实验步骤：＿＿＿＿＿＿＿＿＿＿＿＿＿＿ ＿＿＿＿＿＿＿＿＿＿＿＿＿＿＿＿＿＿＿ 实验现象和结论：＿＿＿＿＿＿＿＿＿＿＿ 方案的交流与评价：＿＿＿＿＿＿＿＿＿＿
学生活动二：现有一种花木营养液，可能含有 H^+、OH^-、Cu^{2+}、CO_3^{2-}、NO_3^- 中的两种或几种离子，请通过实验，确定它的组成。	我的方案：＿＿＿＿＿＿＿＿＿＿＿＿＿＿ ＿＿＿＿＿＿＿＿＿＿＿＿＿＿＿＿＿＿＿ ＿＿＿＿＿＿＿＿＿＿＿＿＿＿＿＿＿＿＿ 实验步骤：＿＿＿＿＿＿＿＿＿＿＿＿＿＿ ＿＿＿＿＿＿＿＿＿＿＿＿＿＿＿＿＿＿＿ 实验现象和结论：＿＿＿＿＿＿＿＿＿＿＿ 方案的交流与评价：＿＿＿＿＿＿＿＿＿＿

（续上表）

学生活动三： 现有一种蔬菜营养液，其中含有 $Ca(NO_3)_2$、KNO_3、$NaCl$、Na_2CO_3 中的一种或几种。请同学们设计实验方案，进行实验探究，确定它的组成。	我的方案：_____ _____ _____ 实验步骤：_____ _____ 实验现象和结论：_____ 方案的交流与评价：_____
交流讨论	

3. 讨论总结，知识归纳

（1）NH_4^+、H^+、CO_3^{2-}、Cl^-、SO_4^{2-} 的检验方法；

（2）常见离子的共存问题。

【教学反思】

杜威的"从做中学"的教学理论，提供了一种构建化学核心观念的方法。"从做中学"也就是"从活动中学""从经验中学"，它使得知识的获得与活动联系了起来，学习者能从那些真正有教育意义和有兴趣的活动中学习，从而有助于学习者的成长和发展。

在化学学科中，这种活动就是实验探究，因此"从做中学"就是"从实验中学"，以实验探究的方式来构建和落实核心观念。本课就是以实验"未知植物营养液成分的探究"为载体，通过实验探究来构建和落实"分类观"和"微粒观"。在本实验探究中，首先由教师提出问题"如何鉴定植物营养液中的化学成分"并提供试剂，学生明确问题并设计方案，接着通过共同讨论进一步改进和优化实验方案，并通过动手实验来验证方案是否可行、是否能够解决问题，最后进行归纳总结，得到"鉴定植物营养液中的化学成分"的一般规律。这就是著名的"从做中学"的五步教学法，让学生从半开放式实验中建立起"分类观"和"微粒观"。通过这种"从做中学"的方式，教学不再是简单地注入知识，而是运用一种最有效的方法，引导学生在自主探究中构建核心观念，并发展自己的能力，使学生真正成为学习的主体，培养学生的核心素养。

1. "从做中学"落实核心观念

物质或离子的鉴别、离子共存是初中化学酸碱盐部分的延伸，比较难，但是中考常常考，这是初中化学的难点和易错点。本节课从植物营养液的生活实际出发，将这部分枯燥的知识巧妙地和营养液成分的探究结合起来，激发了学生的学习兴趣，有助于帮助学生克服畏惧感。三个问题的设计深入浅出、由简到繁、循序渐进。在本教学设计中，以"探究植物营养液中的化学成分"为载体，以半开放式实验探究为手段，激发了学生的好奇心，促使学生主动进入分析问题和解决问题的活动中，从而对物质的认识从感性上升为理性。

2．"从做中学"学生收获颇丰

课后调查问卷表明学生"从做中学"收获很大，完成了本课的教学目标。学生写道："通过实验设计锻炼了分析问题的能力，通过实验操作复习和掌握很多离子的性质，加深理解了离子共存问题。""分析能力变强，考虑问题更全面。""学习了分类的方法对未知溶液进行鉴别，相比课前自己设计的方案中胡乱滴加试剂，更有逻辑，更高效率。"

"从做中学"这种自主实验探究的方式激发了学生的学习兴趣，让学生真正成为学习的主体，整个教学中通过"做"的过程，促进"思"的升华，最终完成对"学"的积累，达到巩固落实"分类观"和"微粒观"的目的，培养学生综合运用知识解决实际问题的能力。

3．"从做中学"反映出来的问题

在整个实验探究过程中，学生兴趣浓厚，讨论热烈，实验结果准确。但部分同学的基本实验操作不规范。尤其是胶头滴管的使用，问题较多。很多同学经常将滴管横放，个别同学甚至倒放。使用前不会先挤掉空气，而是待到滴管进入溶液中了再挤空气。部分同学取样结束时，不能将药品盖好盖及时放回试剂架就进行其他操作。在以后的教学中，一定要继续强化学生实验操作的规范性教育。

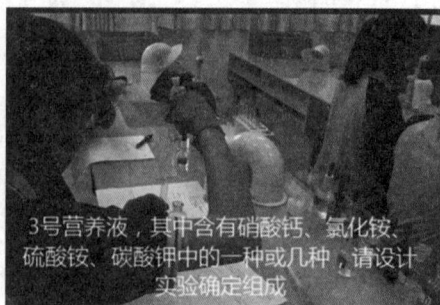

图3-8　实验课场景

第五节　跨学科实践：提升学生的核心素养

《义务教育化学课程标准（2022 年版）》指出：设立跨学科主题学习活动，加强学科间相互关联，带动课程综合化实施，强化实践性要求。方案规定各学科用不少于本学科总课时的 10% 开展跨学科主题实践活动。跨学科主题学习强调以学生的经验为核心，加强学科知识之间的联系，以此培养学生在真实情境中综合运用学科知识解决实际问题的能力。这与陶行知先生"生活即教育，学校即社会，教学做合一"的教育理念一致，有助于实现知识本位向素养本位的转变，为学生未来步入社会做好准备。

一、初中化学为何要进行跨学科实践活动

1. 可以弥补分科教学的不足，有利于实现化学学科与其他学科的融合

跨学科实践活动课程是指为实现学科核心素养与学生成长总目标，在各学科的教学过程中，基于学科教学内容而设计出的，突出实践性、探究性，主要依托参观、调研、制作、实验等形式而逐步形成的学科内综合以及跨学科多主题、多层次（知识类、体验类、动手类、探究类等）的系列课程。学生通过汇集两个或多个学科或已确立的专业领域中的概念、方法或交流形式来解释一种现象、解决一个问题、创造一件作品，或提出一个新问题，而这些单通过化学学科不可能做到的，因此我们要进行跨学科主题学习活动。

2. 利用学科知识进行现实生活的观察和问题的解决

初中化学作为一门基础科学课程，其知识点和实验技能可以与现实生活紧密结合，帮助学生在实践中学习和应用化学知识，解决环境保护、食品安全、能源利用、材料回收等现实问题。通过跨学科实践，学生不仅能将化学知识与实际生活相结合，增强学习的兴趣和实用性，还能培养科学探究的能力和创新思维，逐步形成化学对促进社会可持续发展的正确认识，培养社会责任感。

3. 培养学生积极的态度和合作交流能力

跨学科项目往往需要团队合作才能完成。在团队合作中，学生需要相互交流想法，分担任务，协调行动。在团队合作中，每个成员都有自己的角色和任务。学生通过这样的体验，能够理解团队合作中的分工协作的重要性，学会尊

重他人的贡献，并在合作中寻求共同的目标。这样的合作过程有助于提高学生的沟通技巧和团队协作能力。在跨学科实践活动中，学生往往要对自己的工作负责，这种责任感可以促使他们更加认真地对待每一个任务。同时，随着问题解决能力的提高，学生的自信心也会相应增强，态度更加积极。

4. 回应现实和未来的不确定性

跨学科实践活动通常涉及动态的、真实世界的问题，这些问题往往复杂且不断变化，在完成这些任务时，一些实验或项目可能需要反复尝试才能成功，学生会不断遇到挑战甚至失败，他们需要保持坚持和努力的态度。这种经历可以教会他们不轻易放弃，即使在遇到障碍时也要努力寻找解决方案，培养坚韧不拔的精神。遇到挑战时，学生需要调整策略和方法，这种适应性和灵活性对于他们在未来面对不断变化的环境和不确定性时至关重要，能够帮助他们更好地适应未来复杂多变的社会和工作环境。面对失败时，学生可能会感到沮丧或失望。学会如何管理这些情绪，保持积极的心态，对个人的情感发展和心理健康也非常重要。

5. 发展核心素养、培养创新人才的重要举措

通过跨学科实践活动，学生能够将化学知识与其他学科的知识相结合，这种综合运用能力是核心素养的一部分，对于培养学生的创新能力至关重要。这种探究学习方式能够激发学生的好奇心和求知欲，培养他们的实验精神和探究能力，这是创新人才所必需的素质。跨学科实践活动鼓励学生跳出传统思维框架，探索新的解决方案，这种创新思维的培养有助于形成具有创造力的人才。

跨学科实践活动可以真正实现从学科教学到素养培育，通过跨学科实践活动，学生不仅能够获得学科知识，更重要的是能够在多维度上提升个人素养，为成为适应未来社会的全面发展的人才打下坚实的基础。

二、初中化学如何开展跨学科实践活动

初中化学开展跨学科实践活动可以采取多种形式和策略，以确保学生能够在多个学科之间建立联系，同时发展其核心素养。

（一）跨学科实践活动的形式

（1）项目式学习：设计涉及化学和其他学科（如物理、生物、地理等）知识的综合性项目。例如，可以开展一个关于环境保护的项目，让学生研究化

学物质对环境的影响，同时结合生物和地理知识，探讨生态系统的平衡。

（2）实验探究：鼓励学生通过实验来探究科学现象，比如研究化学反应的热效应时，可以结合物理学中的热能转换知识，进行跨学科的实验设计。

（3）问题解决：提出需要学生综合运用多学科知识解决的实际问题。例如，可以让学生研究如何通过化学方法净化水质，这需要结合化学、生物和环境科学的知识。

（4）案例研究：通过研究具体的科学案例，如著名的化学发现或者化学事故，让学生了解化学知识如何与历史、社会、经济等其他学科相互作用。

（5）跨学科课程设计：与其他学科的教师合作，共同设计课程，使学生在学习化学的同时，能够接触到其他学科的内容，如将化学与艺术结合，探讨颜料的化学组成和艺术表现。

（6）社区服务与实践活动：鼓励学生将化学知识应用到社区服务中，比如开展环境监测、垃圾分类指导等活动，让学生在服务中学习和应用跨学科知识。

三、初中化学开展跨学科实践活动案例

（一）《自然界的水》跨学科实践活动——"水质检测及自制净水器"项目式学习

【项目式学习内容分析】

1. 学情分析

对于已经学完人教版化学绪言至第四单元课题 2 内容的九年级学生，可从以下三个方面进行分析：在知识储备方面，学生已经学习了物质的分类、自然界中的水和水的净化等知识，能利用化学知识解释一些生活现象，初步了解了如何运用化学知识解决一些简单的问题；在学科思维方面，学生具备了一定的观察、查阅资料、分析、探究、解决问题的能力，也初步学会了定性认识身边的化学物质和现象的方法；在基本实验知识和操作技能方面，学生已经具备进行简单化学实验操作的基本技能和了解了实验探究的方法。但是学生对本地的水资源情况缺乏详细了解，没有意识到一些看似"不起眼"的浪费水的行为，不知道如何应用知识以及考虑多方面因素解决实际问题。

2. 项目主题内容分析

"水质检测及自制净水器"是新课标学习主题 5 "化学与社会·跨学科实

践活动"的 10 个跨学科实践活动之一，是针对人类饮用水安全、水的净化问题而设计的，属于作品制作类实践活动。该实践活动涉及的化学学科核心知识是"水的净化""物质分离提纯的思路和方法""材料、健康"等内容，还涉及地理学科的资源分布及时空限制和物理、生物学科的机械技术、工程设计类的内容等。该项目以"水的净化"为研究对象，以水质检测及自制净水器为载体，融合了初中化学、物理、地理等课程内容。其中，水质检测、水的净化（沉降、过滤、吸附、消毒、蒸馏）、材料等属于化学学科知识，材质、密封性、装置尺寸、液体流速等属于物理学科知识，认识珠海市水资源状况等属于地理学科知识。学生通过了解本地水资源分布状况，调查身边水污染的现象，参观自来水厂的净水流程，参与设计、制作净水器并进行水质检测等实践活动，总结出物质分离提纯的一般思路和方法，理解化学与可持续发展大概念，帮助学生正确认识化学与环境的关系，形成节约水资源、保护环境的态度和生活方式。

【项目教学目标】

（1）以认识水资源为任务驱动，通过调查珠海市的水资源状况、水污染现象，认识水是宝贵的自然资源，逐步树立可持续发展观念。

（2）以水的净化为任务驱动，通过参观南区水厂、设计及制作净水器、进行水质检测、调查市售净水器原理等的学习，感受化学与生产生活的密切关系，初步建构"物质分离与提纯"的简单思维模型，体会化学的学科价值。

（3）掌握自制净水器的制作方法和操作技能，能够根据实际情况进行优化和改进；学习并掌握水质监测的方法和技巧，了解如何评估水质；培养团队协作和创新精神，提高解决问题的能力。

（4）以爱护水资源为任务驱动，通过调查珠海市水资源利用情况及变化趋势，感受工农业水资源利用率和居民保护水资源意识的提高。再结合自己家庭用水量，评价与反思用水行为，制订合理的家庭用水方案，培养爱护水、尊重水的责任担当。

（5）通过具体的实验活动亲身经历科学探究过程，掌握科学探究的一般思路和方法，初步养成严谨求实、敢于质疑的科学态度。

【项目教学流程】

根据新课标相关主题的内容要求和学业要求，结合学生具体情况，以"如何办好珠峰净水厂"为问题情境，学生自主选择水厂部门，完成部门任务，学生亲身体验实际生产生活的过程从而获得职业体验，属于体验类实践活动。完整的跨学科实践活动的课例设计还需要上好展示课。为了实现深度交流，促进学生进行整个项目的总结反思，要求学生以部门为单位，展示自己的部门成果及净水器，学生互评互议，教师进行总结点评，引导学生形成绿色化学与可持续发展观，带领学生进入更高的态度责任境界。本项目任务、教学流程及设计意图如下。

项目任务		学生活动	教师支持	设计意图
任务1：认识水资源	环节一：水资源状况	水资源调查部：通过查阅水务官网的相关信息，调查珠海市水资源状况，并写好调查报告，做好PPT进行展示。	提供广东省、珠海市水资源量（降雨量、地表水资源量及地下水资源量）、水库蓄水状态等资料信息。	让学生通过查阅资料以及真实的数据感受到水是一种宝贵的自然资源，激发其节水意识，使其逐步树立可持续发展观念。
	环节二：水污染现象	环保部：调查周边水污染的现象及整治案例，做好PPT进行展示。	提供珠海市水污染案例及政府部门相关整治工程、技术手段等资料信息。	让学生了解我市水质及污染现状，真实感受到水与城市发展密切相关，帮助学生正确认识人与自然的关系。
任务2：水的净化	环节一：参观珠海市南区水厂	技术部：到南区水厂走访参观其净水流程及工艺改进，制作参观视频及水厂净水流程模拟示意图，进行讲解。	（1）与珠海市南区水厂联系，递交参观函，与学生一起走访参观；（2）在参观过程中引导学生将所学知识联系起来；（3）引导学生归纳总结物质分离的一般思路。	通过小组展示、汇报的形式，让学生对实践活动中遇到的问题及问题解决方法和结论进行交流和评价，学会进行科学探究的一般步骤，养成辩证认识问题的科学态度。

（续上表）

项目任务		学生活动	教师支持	设计意图
任务2：水的净化	环节二：改进净水器	研发部：根据自制净水器的不足，对净水器进行改进、优化、制作，写好实验报告，进行课堂分享。	（1）帮助学生一起搜寻生活中可用的实验用品；（2）指导学生动手操作，发现学生问题，引导学生自主纠正。	帮助学生正确认识化学与环境的关系，形成节约水资源，保护环境的态度和生活方式。意识到保护水资源的重要性，引导学生自制净水器，激发学生好奇心和探究欲，提升自主学习、实践反思、评价、小组协作素养；树立节水、环保、爱国意识。
	环节三：水质检测	质检部：了解水质检测的指标及检测方法，制作微课视频；对学校自来水和直饮水进行检测，写好检测报告。	（1）提供学生实验用品；（2）指导学生水质检测的原理、方法及实验步骤。	
	环节四：调查市售净水器	市场调研部：调查市售净水器原理及价格差异大的原因，做好PPT进行展示。	指导学生课前准备，帮助学生了解净水器原理，点评学生的展示过程。	让学生学会利用所学知识解决生活中的实际问题，学以致用。
任务3：爱护水资源	环节一：调查身边的用水情况	业务部：调查珠海市用水情况及家庭用水方案。	提供广东省、珠海市的水资源利用开发及用水分析的相关资料。	让学生通过对珠海市用水情况的了解，感受到节水的责任，制定可行的节水措施，落实到具体的行动中。
	环节二：爱护水资源	宣传部：制作爱护水资源视频。	提供视频拍摄的道具、联系场地等。	从学生的真实情境出发，引起情感共鸣，体会水是重要资源，激发节水意识，形成正确的价值观念。

【项目展示过程】

【创设情境】

今天我们在此隆重举行关于水的成果交流会，邀请"珠峰净水厂"的各个部门来分享他们的研究成果，让"珠峰净水厂"越办越好！

【素材】观看宣传部制作的"爱护水"剧场短片：《今天你空瓶了吗？》

【过渡】珠海是个美丽的海滨城市，散步的时候大家总能看到美丽的水景，那么珠海市的淡水资源状况如何呢？

【水资源调查部进行汇报】

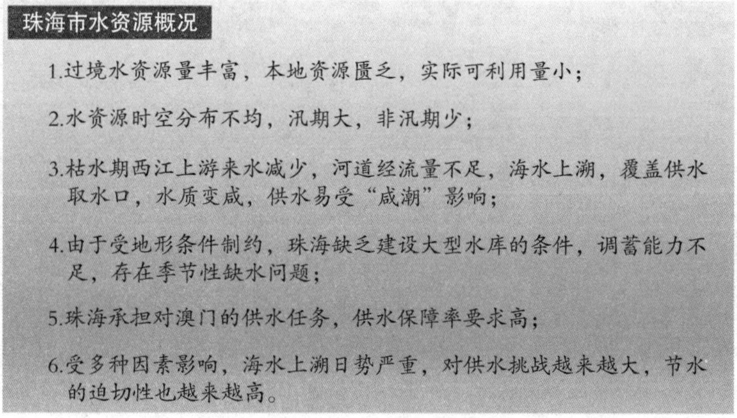

珠海市水资源概况

1.过境水资源量丰富，本地资源匮乏，实际可利用量小；

2.水资源时空分布不均，汛期大，非汛期少；

3.枯水期西江上游来水减少，河道经流量不足，海水上潮，覆盖供水取水口，水质变咸，供水易受"咸潮"影响；

4.由于受地形条件制约，珠海缺乏建设大型水库的条件，调蓄能力不足，存在季节性缺水问题；

5.珠海承担对澳门的供水任务，供水保障率要求高；

6.受多种因素影响，海水上潮日势严重，对供水挑战越来越大，节水的迫切性也越来越高。

图 3-9　珠海市水资源概况汇报

学生：总结珠海市水资源特点，珠海是一个水质型缺水城市。

教师：水体污染的本质是什么？主要来源有哪些？我们身边有哪些案例呢？

【环保部进行汇报】

从"黑水河"到"风景河"——珠海前山河整治：

近年来，珠海市投入了73亿元开展入海河流前山河整治，投入约62亿元推进全市17条黑臭水体和52条问题河涌治理，目前，珠海再投入25亿元实施凤凰排洪渠水环境治理，不断削减陆源污染物排海通量。

经系统治理，海湾水质持续改善，2022年无机氧比2018—2020年均值下降2%。2023年春季，海水优良面积比例达到历史最佳。

政府整改措施：

对前山河流域内的造贝、南屏东、北山、银林、翠屏5条黑臭水体的排洪渠进行源头治理、科学治水。

学生：了解水污染的本质，水污染主要来源于工业、农业、生活污染。

教师：那么未受污染的水源以及经过治理的污水能否直接饮用呢？纯水、天然水在物质的分类属于什么？

学生：不能直接饮用，纯水属于纯净物，天然水属于混合物。

教师：我市的南区水厂是如何将天然水转化为生活用水的呢？

【技术部进行汇报】

图 3 - 10 技术部参观南区水厂

学生：（总结梳理南区水厂的净水流程）

教师：折板絮凝池中折板的作用是什么？

学生：折板间隔区拦截悬浮颗粒物或絮凝物，同时多个折板板组的设计能延长原水与药物在此停留的时间，令其充分反应。

教师：南区水厂是怎样实现生产零污染、零排放的？

学生：气水反冲洗滤池的池底有气嘴，利用空气将池底堆积的沉淀物进行反冲洗，反冲洗的泥水会进入排泥调节池中，进行浓缩、脱水、压饼处理，这些泥饼可用于草坪、花坛种植等，实现生产流程的零污染、零排放。

教师：可知自来水的实际生产过程与之前的理论学习是有一些差别的，在解决实际问题时，我们还需考虑哪些因素？

学生：需考虑到工厂面积、成本、工程技术实施等。

教师：水的净化过程中，首先要对水源进行杂质分析，里面含有哪些杂质？

学生：泥沙、色素、异味、微生物、矿物质等。

教师：分析杂质的性质差异。

学生：泥沙不可溶，色素可溶能被吸附，微生物可被消杀，矿物质可溶且难挥发。

教师：根据净水目的，确定应除杂质，选择合适的净水方法。

学生：沉淀、过滤、吸附、消毒、蒸馏，净化程度从低到高。

教师：想要知道净水效果如何，那就需要进行水质检测，检测什么？

学生：检测应除杂质的剩余含量。

教师：由此我们可以总结出物质分离提纯的一般思路。

学生：首先分析混合物成分，寻找成分的性质差异，找到分离方法，检验分离效果。

【创设情境】各部门根据这些知识也纷纷自制了很多的简易净水器，环保部的周祥同学发现他家附近池塘的水质较差，今天他取来了水样，请各部门使用自制净水器对其进行处理。

教师：那净化效果如何呢？请同学们观看质检部录制的水质检测微课视频。

【质检部进行汇报】

水质检测步骤及操作：

第一步，检查待测水样中是否有肉眼可见物；

第二步，嗅和闻待测水样，看是否有异味；

根据 GB 5749—2022《生活饮用水卫生标准》，水的 pH 范围：6.5~8.5。

第三步，检测待测水样的酸碱度，准备好 pH 试纸和标准比色卡，随后：

（1）在玻璃片上放一小片 pH 试纸；

（2）用玻璃棒蘸取待测水样，滴在 pH 试纸上；

（3）把试纸显示的颜色与标准比色卡比较，读出待测水样的 pH 值（取整数）。根据 GB 5749—2022《生活饮用水卫生标准》，水的 TDS（总溶解固体）范围：1 000PPM。

第四步，检测待测水样的 TDS 值：

（1）使用前，拔下电极保护套；

（2）按下开关键，将电极放入待测水样中（注意溶液不要高于浸没线）；

（3）待数值稳定后，按下 HOLD 键，拿出来读数即可；

（4）使用完毕后，按下开关键，仪表关闭，将电极擦拭干净，并将电极保护套套入即可。

第五步，检测待测水样的硬度：

（1）取一张硬度检测试纸，将试纸浸入待测液中摆动10s；

（2）甩掉试纸上的多余溶液；

（3）一分钟后与比色卡对比，读出数值。

学生总结TDS检测笔、硬度测试纸、pH试纸的使用方法。

【开展实验】学生设计、绘制净水器示意图，制作净水器，使用自制净水器净化池塘水样，并使用TDS检测笔、硬度测试纸、pH试纸等检测净化效果，试验结束后在反思与评价中完成小组自评。

教师：刚刚发现许多同学测试净化后的水样TDS值远高于净化前，这可能是什么原因导致的呢？

学生：可能是我们的滤材表面例如活性炭有杂质，干扰了实验结果。

教师：请同学们课后继续进行探究，改进净水器以达到较好的净化效果。

【研发部A、B组进行汇报】

教师：经过自来水厂净化处理的生活用水是符合国家标准的，但是自来水出厂后，还需要经过漫长的输水管道、高楼水塔、水箱等设施，在此过程中很容易受到二次污染。我们学校管道流出的自来水和直饮水是否符合国家标准呢？

【质检部进行汇报】

学生：从质检部的检测报告中，我们知道学校的自来水和直饮水是符合国家标准的，而且直饮水机的净化效果不错。

教师：由于自来水在输送中会受到二次污染，很多家庭会选择购买净水器来获得质量和口感更好的水。那么琳琅满目、价格多有差异的市售净水器有什么异同之处呢？该如何选择呢？

【市场调研部进行汇报】

学生：超滤净水器和RO反渗透净水器最主要的区别是膜孔径的大小不一样，这也是价格差距最主要的原因。

教师：在追求用水质量的同时，我们也要注意合理使用水，不浪费每一滴水。珠海市的用水情况如何呢？自己家的用水情况又是否存在浪费水的现象呢？人均水费是否比别人高很多呢？

【业务部进行汇报】

学生：从用水报告中，我们的城市在向节水型城市迈进，作为城市的一分子，我们也要节约用水，爱护水资源，为此我们要制订好家庭用水方案。

【总结】每个同学都有自己的节水窍门，请动员全家人共同实施起来！我们不仅要办好这个净水厂，还要共同维护我们美丽的家园！

【板书设计】

物质分离 | 分析混合物成分 → 寻找成分性质差异 → 找到分离方法 → 检验分离效果

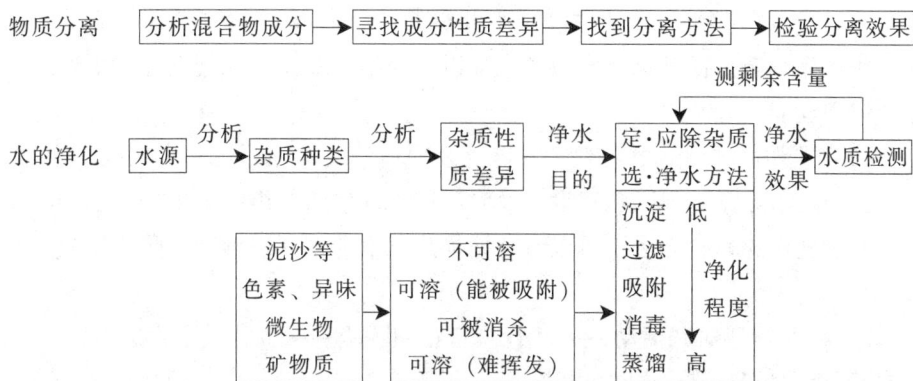

图 3-11 《自然界的水》板书设计

【项目教学反思】

在本次教学实践后，我有以下几点反思：

（1）本节课我努力地为学生创建"如何办好珠峰净水厂"的问题情境，让学生自主选择部门，引导学生在真实情境中主动思考，不仅可以激活学生原有的知识，还可以用这些背景知识探究新问题，完成部门任务的同时，也获得了职业体验。同时将自己部门的项目成果展示出来并进行汇报，也融合了语文学科的表达和交流。在项目式学习过程中，学生表现出了积极的参与态度和良好的团队协作精神。他们根据各自的特长进行了分工合作，共同完成了净水器的制作和水质检测。然而，在动手操作过程中，部分学生缺乏实践经验，需要更多的指导和练习。

（2）在跨学科实践活动中融入核心学科内容，同时让学生经历体验、实践学习，将学习主题中承载的学科思想方法、发展的核心素养有机地整合在一起。通过收集学生的反馈，我了解到学生普遍认为实验操作部分需要更多的指导和练习。一些学生建议教师在实验前进行更多的理论学习，以便更好地理解实验的原理和操作步骤。此外，一些学生希望教师能够提供更多的实践机会，以提升他们的实践技能。在未来类似的教学中，我将更加注重实践前的理论教学和实践操作的指导，以确保学生能够更好地掌握相关知识和技能。

（3）在课堂教学进行跨学科实践活动时，需精心设计学生活动，每个活动都有明确的任务、评价和标准，并给学生提供展示交流的机会，在展示交流中学生进行自评、互评，这样的学习活动，学生的反思评价是有迹可循的，更好地实现以评促学。

（4）通过本次项目式学习实践，我深刻认识到理论与实践相结合的重要性。同时我也意识到在教学过程中不断总结经验并及时调整教学策略的重要性。我将继续努力提升自己的教学水平以满足学生的需求并帮助他们更好地掌握知识和技能。

（5）要做好项目式学习教学，需要教师精心设计项目，制定明确的目标，给予适当的指导，加强团队建设，及时反馈和评估，并组织学生进行总结和反思。通过这样的教学方法，可以有效地提高学生的创新思维和团队协作能力。

（二）跨学科实践活动——"让小鱼畅快呼吸——制作简易供氧器"

【课程分析】

氧气是空气中最重要的成分，是生物体维持生命不可或缺的物质，供氧器在生产生活中有着重要的作用。本项目以氧气的制取为核心，旨在通过自制简易供氧器的实践活动，让学生了解制氧机的基本原理和制作工艺，同时提高学生的动手能力、创新思维和跨学科综合实践能力。本项目也综合体现了"物质的性质与应用""物质的化学变化"学习主题的大概念及核心知识，承载学生必做实验"氧气的实验室制取与性质"，涉及"化学与社会·跨学科实践"学习主题中化学与材料、化学与健康的相关内容，能帮助学生建构元素观、变化观等化学观念，促进"系统与模型""比例与定量"等跨学科大概念的进一步发展。应用技术与工程的方法解决问题，参与多种实践活动，自主反思、不断改进，提升合作解决问题的能力，激发学生的创造力。

【活动设计】

"基于特定需求设计和制作简易供氧器"项目虽然只是真实供氧的模拟和简易作品制作，但也是一个综合、复杂、开放的实践活动。学生在完成任务的过程中，不仅需要关注供氧器的特定需求，还要遵从作品制作的一般过程和方法，要在整体设计的基础上进行制作，在多次试验的基础上优化方案并完善作品。本项目基于"给小鱼供氧"的真实情境任务，用生活中的用品制作供氧机，运用已有知识解决实际问题，按照工程实践过程，该项目共有以下八个核心活动，其中，前四个活动为一课时，后四个活动为一课时。

活动1：收集资料。课前查阅资料，思考：制作简易供氧器供小鱼呼吸，需要考虑哪些方面的问题？设计思路是什么？

活动2：建构模型。回忆实验室制取氧气的原理和方法，初步建立制作简易供氧器的一般程序和方法，形成模型。

活动3：市场调查。了解市场上给鱼供氧的方法和原理，观察各种供氧机，比较优缺点，归纳供氧过程中的注意事项。根据市场调查结果和实际情况，很多同学选择使用过氧碳酸钠制取氧气供小鱼呼吸。

活动4：制作作品。应用模型，从实际需求出发，选择适合的制氧原理，绘制供氧器设计图，分工合作，收集用品，然后小组合作动手制作供氧器，通过多轮次的"设计—行动—反思"对自制供氧器进行试验和优化。

活动5：作品发布。各小组展示、讲解本组制作的供氧器，反思和总结设计和制作的经验，阐述作品的亮点，其他组同学进行提问。

活动6：优秀作品评选。全班同学根据相关评价维度，对各组作品进行打分，评出30%的优秀作品，30%的良好作品，其他为合格作品。评价维度主要有以下几点：

（1）是否从反应条件、反应速率、节能环保等角度综合考虑制氧原理。

（2）设计的供氧装置是否完整，是否操作简单，能否持续产生氧气，速率是否适中，作品是否整体美观。

（3）设计过程是否有不断地反思与改进，是否体现小组合作，是否有具体的任务分工。

（4）展示作品时思路是否清晰，展示形式是否多样，语言是否流畅。

活动7：给小鱼供氧。各小组用自制供氧器给桌上鱼缸中的小鱼供氧，体验制作带来的愉悦和成就感。

活动8：课后拓展。鼓励学生在已经获得相应知识和实践经验后，课后继续探索和研究制氧机的其他应用场景和方法，如用于医疗、工业生产等领域。同时可以尝试对制氧机进行改进和优化，提高其性能和稳定性。

【活动反思】

制氧机的应用场景十分广泛，如医疗急救、工业生产、科研实验等领域都有广泛的应用前景。在日常生活中，我们也可以通过使用制氧机来进行空气净化提高室内空气质量等。本课程基于真实生活情境，使学生更深入地了解制氧机的原理和制作方法，并动手制作供氧器给小鱼输氧，实现知识的迁移，实现在"做中学""创中学"，让化学回归生活，让实验触手可及，让学生体会探究的乐趣，体会科学研究的曲折与艰辛，提高学生的动手能力和跨学科实践能力，让探究落地生根，让科学精神自由生长，让学生获得在实际生活中解决问题的思维和能力。

在课程中，我们遇到了一些问题。例如有些学生在制作供氧器时遇到了困难，不愿意或者不敢动手，我及时发现并给予了指导和帮助。同时也发现了一些学生在小组讨论中不够积极，我鼓励他们在小组中多发表意见和看法。在未来的课程中，教师要更加明确地设定教学目标，明确要求学生掌握哪些知识、具备哪些能力。要关注学生个体差异，采用个性化的教学策略和方法来满足不同学生的需求和发展，让探究活动更好地落到实处。

第四章　用爱启迪智慧，用心润泽心灵

爱是人们内心的动力源泉，教师用爱心去理解和关怀学生，可以激发学生的内在动力，消除学生的恐惧和抵触心理，让他们更加愿意去探索未知、挑战自我，从而不断启迪自己的智慧。教育的过程不仅仅是知识的传授，更是心灵的沟通和交流。教师用心去听学生的心声，理解他们的困惑和需要，能够帮助学生建立健康的心态，形成积极的人生观和价值观。

第一节　建立和谐师生关系，润泽学生心灵

初中化学是学生接触化学世界的起点，对学生未来科学素养的培养具有重要意义。初中化学核心素养的形成，不仅包括学生对化学知识的掌握，更包含他们的科学探究能力、实践能力、创新思维以及社会责任感等多方面的素质。亲其师信其道，良好的师生关系是最好的教育，是学生初中化学核心素养形成的催化剂。

一、建立和谐师生关系的重要性

和谐的师生关系在提高学生学习兴趣、提升课堂效果以及培养学生综合素质等方面具有积极影响。首先，和谐的师生关系能使学生感受到教师的关爱和尊重，从而激发学习热情，提高学习兴趣。其次，和谐的师生关系有助于营造积极向上的课堂氛围，使学生在轻松愉悦的环境中学习，提高课堂教学效果。最后，通过建立良好的师生关系，教师可以更好地了解学生的需求和特点，因材施教，促进学生全面发展。

二、建立和谐师生关系的策略

1. 快速熟悉学生

化学初三才开课，化学教师与学生只有 10 个月的相处时间，快速认识并熟悉学生，对于建立良好的师生关系和提高教学质量至关重要。每接手一个新的班级，我在开学前就对每个学生的情况做大致了解，记住了大部分学生的姓名。开学后，利用做练习或自习课的时间，仔细观察每个学生，发现他们的特征，开学三周内，我要求自己能认识每个学生，叫出每个学生的名字，让他们感受到被重视和尊重。

2. 个性化关注学生

每个孩子的性格特点和学习能力以及学习习惯各不相同。在熟悉学生的过程中，我注意关注学生的性格特点和兴趣爱好，尝试找到共同话题或兴趣点。对于学习困难的学生，给予更多的关注和帮助，了解他们的困惑并提供有针对性的指导，告诉他们，大家都在同一起跑线上，他（她）完全有能力学好化学，并用化学带动其他学科，共同进步，帮助他们树立信心。对于表现优秀的学生，给予肯定和激励，鼓励他们继续发挥潜力，让化学也成为自己的优势学科。

3. 耐心细致做学生的思想工作

在初三阶段，学生面临着升学压力、学科知识的加深以及青春期带来的心理变化等多重挑战。作为初三化学老师，我们不仅要传授学科知识，更要耐心细致地做好学生的思想工作，引导他们健康成长，成为学生成长道路上的引路人和朋友。每一天，我至少要和两个学生进行一场深入的谈话，了解他们的困难和需求，对他们提出的问题或困惑，耐心解答并给予指导，帮助他们制定目标。上课之前到班级，协助学生整理教室，观察学生的思想状态，看到一些孩子一大早就垂头丧气或脸红脖子粗，立即和他们沟通，帮助他们及时梳理情绪、解决问题。

4. 营造积极向上、充满关爱的课堂氛围

教师应积极营造积极向上、充满关爱的课堂氛围，使学生在轻松愉悦的环境中学习。同时，教师应关注每个学生的成长与发展，为他们提供展示自我、锻炼能力的机会。我积极探索，摸索出了一套以学生为主体、以小组合作为主要形式的化学教学风格，打造"有序""有趣""有效""有料"的"四有"

课堂。笔者的课堂气氛和谐轻松，课堂模式灵活，有"小组互助学习模式"，有"实验探究课堂模式"，有"小老师执教模式"，等等。在教学过程中我关注学生的情感变化，及时调整教学方法和节奏。丰富多变的课堂，使学生兴趣浓厚，课堂效率高。从2015年开始，我就把化学课堂搬到了自来水厂、污水处理厂、可口可乐公司等地，带领学生进行跨学科实践，自制净水器、自制汽水、进行水质检测等。在教学过程中，我及时反馈学生的学习情况，并与学生进行交流。通过倾听学生的意见，了解学生对教学的需求和期望，从而调整教育方法，提高教学效果。

5. 积极开展课外实践和科学探究活动

教师可以开展课外活动及项目拓展帮助学生更好地理解化学知识、提高兴趣和动手能力。可以通过组织小组活动或项目合作等方式，增强学生之间的交流和沟通能力，培养学生的团队协作能力和集体凝聚力，为他们的全面发展奠定基础。

我经常鼓励学生自主组队，参与化学实验项目，如自制净水器、自制供氧机、自制汽水、自制灭火器等，培养他们的实践能力和团队协作能力。还定期组织各种形式的化学知识竞赛，激发学生的学习兴趣和求知欲。

三、建立和谐师生关系的案例分享

在实际教学中，我遇到过很多因良好师生关系而取得显著成效的案例，下面列举一二。

1. "改头换面"的钟同学

钟同学是2023年我任教班级里的一个女生，刚接班时，我了解到她无心向学，好几科都是20分以下，经常迟到早退甚至旷课，不能听取家长和老师的意见，经常在课堂上与老师起冲突，但我也了解到她心灵手巧，手工做得很好。于是，新学期开学的第一周，我就找到钟同学和跟她要好的一名女生，告诉她们我想制作一些分子模型，需要帮助，开心的是她俩很乐意地答应了。在模型制作过程中，我抓住机会和她们交流，及时普及化学知识，鼓励她们学好化学，帮助她们树立信心。两个孩子的化学成绩不断进步，行为习惯也越来越好。有一天，钟同学特意发了一个朋友圈感谢我，朋友圈有3张图片，一张是"认识杨老师第200天"的时间截图，一张是新年时我送给同学们的福袋，还有一张是运动会时我送给她的蛋挞。钟同学说："表白美丽的杨老师（吻）好爱好爱您，我真的在努力学好化学！"确实如此，钟同学一直在努力学习，遵守纪律，还热心承担了班级的一些活动。中考，她的化学取得了 87 分的好成绩，总分达到了珠海第一职业学校的分数线。

2. "精益求精"的罗同学

罗同学也是我 2023 年的一名学生，学习成绩不错，但性格大大咧咧。对于处处都是陷阱的化学试题，粗枝大叶的她经常考七十多分。我找她谈心，和她一起分析失分点和应对措施，慢慢地，她的化学成绩提高到了八十多分。在她连续考了 3 次 "89" 分后，第三次 "89" 我是这样给她分数的："89 + 1 = 90 先借 1 分，以后加倍偿还哈。"一个不经意的举动，竟让罗同学十分感动，她将这份试卷发了一个朋友圈，说 "虽然只是一分，但被杨老师暖到了"。自此之后，她真的 "加倍偿还" 了，每次化学成绩都不低于 95 分，中考竟然考了满分！

3. 完美逆袭的王同学

2022 年寒假的一天，我接到了班里王同学妈妈的电话，说孩子整天打游戏，完全不学习，又不服家长管，孩子最喜欢化学，希望杨老师能跟孩子聊聊。王同学成绩较差，按当时的成绩几乎考不上高中，但他化学每次都能考 85 分以上。我放下电话后，开始思考怎样帮助这个孩子。刚好，化学寒假作业有道题的答案错了，我便打电话给王同学，和他探讨这道题的答案，当他得出正确答案时，大大表扬了他，并趁机鼓励他，抓住寒假时间，来个弯道超车，争取考一个好高中。接下来，我几乎每天都打电话给他，或者讨论问题，或者问问他今天做了哪些有意义的事情。还把他和班里另外 4 个情况差不多的孩子建了一个微信群，每晚 10 点，让大家在群里交流当天的学习、生活情况，解答他们的问题。5 个孩子的学习状态越来越好，成绩不断进步，顺利考取了广东实验中学珠海金湾学校。升入高中后，次次考试，孩子都会向我报喜，告诉我历次考试他的化学成绩都名列年级第一，兴奋地把奖状也发给我，还告诉我其他科的成绩也越来越好。

4. 不断进取的陈同学

陈同学是我 2014 届的学生，前段时间，她捧着一束花回到学校向我报喜，告诉我她中山大学毕业后考取了世界知名大学的研究生，去攻读博士学位。她说她本来是一个没有目标没有志向的学生，初中成绩也是中等水平，但是我送给她的一张卡片，给了她莫大的动力，让她开始向往能去名校学习并为之不断努力。那是 2014 年 3 月我在北京大学学习时，给自己任教 2 个班级的 106 名学生每人送了一张北京大学或清华大学的明信片，告诉他们我在校园里看到的美好，鼓励他们好好学习，报效祖国。陈同学说，10 年了，她一直将这张卡片带在身上，看到卡片，就想起了我的谆谆教导，就有了克服困难的勇气，自己也越来越优秀。

5. "脱胎换骨"的刘同学

刘同学是我的第 3 届学生，毕业已经 22 年了。曾经是全校闻名的捣蛋大王，他脾气暴躁，打架斗殴，迟到早退，染发抽烟，简直就是大家眼里的"小混混"，别说一般老师，就是学生处的主任们也对他束手无策。接手班级后，我首先就联系他的监护人进行家访，通过家访得知，刘同学的母亲 17 岁时就生下了他，然后把他留给外婆。长那么大，他跟母亲相处的时间加起来不到 3 年，与父亲更是素未谋面。他从小跟外婆和舅舅住在一起，舅舅成家有了孩子后，由于他的顽劣，舅舅舅妈租了一套小房，让他单住，外婆每晚给他做好晚饭后要回家照顾孙子。刘同学的遭遇，让我心痛不已，我决定和科任老师一起，用爱来唤醒这颗冰冷的心。他生病了，我带他去看医生，陪他打点滴。他过生日，我精心给他准备了礼物和蛋糕，带领全班同学一起为他庆祝生日，那一天，我第一次看到，那张冷若冰霜的脸上泛起了害羞的红晕。针对他经常没有大人看护，晚上打游戏睡得很晚，早上起不来上学的问题，我和他约定，每天早上 6：30 打电话叫他起床上学，每晚 10：00 打电话督促他睡觉。在打电话督促他休息时，我也趁机和他聊聊天，为他排忧解难，鼓励他积极向上。电话每天都打，但刘同学还是会迟到，一个半月后，有一天，他找到我说："老师，你那么辛苦，不要每天都给我打电话了，我保证以后不迟到了。"从此，刘同学真的很少迟到，更没有无故旷课。他的学习基础很差，我就鼓励他先学好化学，自习课上，我搬一张凳子坐到他的旁边，指导他看书、做题；课堂上，鼓励他给全班同学演示实验，实验成功后，全班同学给他热烈鼓掌，课后，我及时指导他纠正错误，帮助他补习落下的内容。在大家的帮助下，他的各科成绩不断进步，中考化学取得了 89 分的好成绩，考到了珠海市第一职业学校，学习旅游管理专业。刘同学现在在澳门的一家大酒店担任经理，已经是两个孩子父亲的他经常眼含热泪地说，没有杨老师，就没有他的前途和未来。

在我工作的 25 年里，这样的事例数不胜数。很多原本放弃自己的孩子，因为爱上化学而爱上学习，不断完善自我、提升自我。这些成功案例给了我很多启示，使我更加坚信良好的师生关系就是最好的教育，它是促进初中化学核心素养形成的重要催化剂。

第二节　进行学科本质教育，启迪学生智慧

任何知识都具有内在结构，学科知识是培养学生世界认知能力和学科核心素养的主要载体。知识是客观事物的属性与联系的反映，是客观事物在人脑中的主观印象。从学生发展的角度看，知识其实是一面镜子，是学生看待自然世界、社会世界和人的精神世界的一面镜子。通过这面镜子，学生应该能够认识和理解客观世界。

一、初中化学核心素养形成的主要载体——学科知识

（一）初中化学学科知识的类型

初中化学学科知识的内涵主要体现在微观、宏观和符号表征三个层面：

在微观层面，化学是一门研究物质组成、结构、性质和变化规律的科学。在化学反应中，分子破裂成原子，原子重新组合成新分子，这是一个微观层面的变化。学生需要了解并掌握原子的结构，包括原子核和核外电子，以及核外电子分层排布、离子的形成等微观知识。

在宏观层面，化学是一门以实验为基础的学科，学生需要通过实验来观察和解释物质的性质、变化和现象。例如，通过观察不同物质的颜色、状态、气味等宏观特征，可以推测出物质的微观构成。

在符号表征层面，化学学科有自己的独特语言和符号系统，包括元素符号、化学式、化学方程式等。这些符号是化学学科的基础，用于表示物质的组成、结构和化学反应的过程。学生需要理解这些符号的含义，并能够正确书写和使用它们。

以上三个层面是相互关联的，只有充分理解和掌握这三个层面，才能真正理解和掌握化学学科的知识和技能。

（二）初中化学学科知识的内涵

初中化学作为自然科学的重要组成部分，涵盖了丰富的知识体系和实际应用。其可分为化学基础知识、物质性质与分类、化学反应与能量、物质组成与结构、化学实验与实验器材、环境保护与绿色化学以及化学科技与生活七个方面。

1. 化学基础知识

化学作为一门研究物质性质、组成、结构和变化规律的学科，在初中阶段发挥着奠定基础的作用。学生需要了解化学的发展历程、研究对象和方法，以及化学在日常生活、工业生产、科学研究等领域的重要性。通过学习元素周期表、化学式、化学方程式等基本概念和术语，学生能够初步建立化学学科的知识体系。

2. 物质性质与分类

了解常见物质的性质和分类是初中化学的重要知识点。学生需要掌握物质的物理性质（如颜色、状态、密度等）和化学性质（如可燃性、氧化性、还原性等），并能对物质进行分类。此外，还需要理解不同类别物质之间的转化关系，如金属、非金属、酸、碱、盐等，以及它们在化学反应中扮演的角色。

3. 化学反应与能量

化学反应是初中化学的核心内容之一，学生需要了解化学反应的基本概念、能量变化以及常见能量形式的应用场景和优缺点。例如，燃烧放热、酸碱反应、中和反应、氧化还原反应等，以及这些反应过程中伴随的能量转化和利用。同时，学生还需要了解吸热反应和放热反应的区别和应用。

4. 物质组成与结构

物质的组成和结构决定了它的性质和变化。初中化学需要让学生了解物质的组成成分和基本结构，如分子、原子、离子等。此外，学生还需要理解不同种类物质之间的组成和结构关系，如共价化合物、离子化合物等，以及这些化合物在日常生活和工业生产中的应用。

5. 化学实验与实验器材

化学实验是化学学科的基础，也是初中化学教学的重要环节。学生需要了解化学实验的基本操作方法和相关实验器材的选用原则和注意事项。例如，学生应该学会使用试管、烧杯、试剂瓶、酒精灯等常见实验器材，并理解这些器材在实验过程中的作用和使用规则。此外，学生还需要掌握基本的实验步骤和安全措施，以确保实验的顺利进行。

6. 环境保护与绿色化学

随着人类活动对环境的影响日益深刻，环境保护已成为全球的共同课题。初中化学学科教育学生关注环境保护，了解绿色化学的定义，并阐述绿色化学在实践中的应用和意义。学生需要了解绿色化学的概念、原则和特点，如减少废物产生、降低能源消耗、采用可再生资源等。同时，学生还需要了解绿色化学在实际生产和生活中的应用案例，如污染防治、能源开发等，以凸显绿色化学在可持续发展中的重要性。

7. 化学科技与生活

化学科技在日常生活中的应用广泛且重要。初中化学学科需要让学生了解化学科技在日常生活中的应用，以及如何利用化学科技解决生活问题。例如，学生需要了解药物、食品、材料等方面的化学技术，以及这些技术对人类生活的影响和作用。此外，学生还需要理解如何利用化学技术实现资源的有效利用和环境保护，以促进可持续发展。

初中化学学科知识的内涵和类型丰富多样，从化学基础知识到物质分类、化学反应与能量转换、物质组成与结构分析、化学实验技能，到环境保护与绿色化学意识培养，再到化学科技在生活的应用认知，这些都是初中化学学科的重要组成部分。通过掌握这些知识，学生能够更加深入地理解化学学科的内涵和应用，更好地提升科学素养和综合能力。

（三）初中化学学科知识的价值和意义

"化学"顾名思义"千变万化，学以致用"，首先，化学教育要回归生活。这并不是要庸俗地、简单地用"生活"来统领学校教育，而是在学习化学知识之前，教师应紧密联系学生已有的生活经验，调动其个体知识。比如，空气、水、有机化合物、金属材料、非金属材料，化工生产等，均与学生的生命活动、衣食住行等休戚相关。其次，利用化学知识、原理培养学生洞察生活中化学问题的能力，养成一种敏锐的"化学眼光"，可培养学生的科学态度与责任担当。比如，教师可引导学生设计健康饮食方案、节约用水的方案，进行污水等废物的处理与培养绿色化学、揭秘迷信等科学素养，形成食品与药物等的安全感知等，以使学生更好地理解化学与生活的共生关系。再次，将生活世界里的复杂性与科学世界里的逻辑性进行比较，让学生感知科学发现与科学知识之间的关联，启迪学生的思维和智慧，培养学生的创造能力。最后，通过美丽的实验现象和精致的化学仪器，以及奥妙无穷的微观世界等，让学生感知化学之美，激发学生的科学情趣和涵养学生的科学精神。

总之，化学世界里系统的、客观的、逻辑缜密的知识的形成过程并不是一蹴而就的，而是人们在丰富的生活世界里，通过思考、激情和想象等个体的、主观的和漫长的努力而获得的。培养学生对化学知识内涵本身的兴趣，形成化学观念，解决实际问题，将学习过程的乐趣与学习结果带来的成就感融为一体，让学生体验学科之美，才能培养他们对学科的崇拜和热爱，激发他们的学习兴趣，使他们保持持久的动力，提高学科核心素养。

二、初中化学核心素养形成的主要条件——学科教师

教师是教育环节的关键人物。有好的教师，才有好的教育。教师拥有什么，才能给予学生什么。教师只拥有知识，就只能教会学生知识。唯有智慧才能启迪智慧，唯有素养才能培育素养。

初中化学核心素养的形成，主要得益于学科教师的引导。因此，教师要从知识传授走向素养教学，要从知识型教师转变为素养型教师。

首先，初中化学教师需具备扎实的化学专业知识，要与时俱进，有丰厚的学科素养，这样才能为学生提供准确、详细的化学知识教学。同时，教师还需要对化学学科的核心概念、原理和实验方法有深入的理解，才能更好地帮助学生形成化学核心素养。

其次，教师需要采用有效的教学方法。初中化学对于学生来说可能是比较抽象和复杂的学科，因此，教师需要基于学生学习的实际，关爱学生，运用多种教学方法，如图形结合、案例分析、实验教学等，以帮助学生更好地理解和掌握化学知识。同时，教师还需要根据学生的实际情况，灵活调整教学方法，以满足不同学生的需求。

再次，教师需要培养学生的化学兴趣和热情。化学是一门需要浓厚兴趣和热情驱动的学科，因此，初中化学教师要热爱学科，通过自己对学科的热爱唤起学生的兴趣。教师需要在课堂上积极营造生动、活泼的教学氛围，通过各种方式激发学生的学习兴趣和热情，例如进行有趣的化学实验、引入生活中的化学现象等。在这些过程中，学生体验到的意义、价值、激动和欢乐，会带给学生难忘的体验，从而理解化学学科的价值。

最后，教师还需要培养学生的科学思维和创新能力。对于化学学科来说，这不仅是核心素养的重要内容，也是学生未来发展所需要的重要能力。为此，教师可以在课堂上引导学生进行思考、讨论、实验、反思等，培养学生的科学思维和创新能力。同时，教师还需要鼓励学生在学习过程中主动发现问题、提出问题并解决问题，以更好地帮助学生形成化学核心素养。

课堂是教师用自己的学科素养与学生活动相碰撞而产生创造火花和灵感的场所。在今天的时代背景下，初中化学核心素养的形成除了需要教师在专业知识、教学方法、学生兴趣和热情以及科学思维和创新能力等方面做出积极努力，还需要教师培养和提高自己的信息素养、创新素养、跨学科素养和自我管

理素养等，以与时俱进、积极乐观的情绪引领学生学习，启迪学生智慧。

第三节　进行化学史教育，养成科学态度

在人类科学发展的历程中，化学作为一门核心学科，起到了不可或缺的作用。从最早的炼金术到现代的分子科学，化学一直在揭示世界的奥秘，并为我们提供了理解自然现象和解决实际问题的有力工具。然而，化学史并不仅仅是关于发现和发明的历史，它更是一面镜子，反映出科学探索的艰辛与坚韧，揭示了科学精神的本质。

化学史教育的重要性在于，能够帮助学生更好地理解科学知识，同时培养他们的科学态度。通过学习化学史，学生可以了解科学知识的产生过程，理解科学理论的发展和变化，从而培养批判性思维和独立思考的能力。此外，化学史教育还可以帮助学生理解科学知识的社会和文化背景，从而培养他们的全球视野和跨文化交流的能力。

化学史教育对于培养学生的科学态度具有积极的影响。科学态度包括好奇心、开放思想、怀疑精神和对错误的容忍等。这些态度在化学史中有着丰富的体现。从古代炼金术士到现代化学家，都是怀着对自然的好奇心，不断探索、尝试、失败、再尝试，最终才取得了显著的成果。

通过学习化学史，学生可以了解到科学知识的产生和发展是一个不断试错的过程。在这个过程中，科学家们需要保持开放的思想，勇于接受新的观念和思想。同时，他们也需要有对错误的容忍能力，因为只有在不断的失败中才能找到成功的路。

此外，化学史教育还可以帮助学生理解科学的社会和文化背景。在古代，炼金术士试图通过炼金术来改变物质的性质，从而制造出黄金。虽然这个目标最终未能实现，但是这个过程却推动了人们对物质性质的理解和探索。在现代，化学家们的研究成果也在不断地推动社会的发展和进步。

化学史呈现的内容广泛，呈现方式生动形象，直观易懂，能激发学生的学习兴趣。化学史可以为学生提供各种真实的学习情境，为其营造生动有趣、基于生活经验与社会文化的学习氛围，为提高学生学习积极性起促进作用。化学史能够帮助我们达到教学的主要目的，它能够说明科学之意义，科学之功能和方法，科学之逻辑的、心理的和社会的含义，科学中深刻的人性，以及科学对于思想净化和文化整体化之重要意义。化学史是化学教育的重要资源，其中包

含许多化学方法与智慧，集中体现了化学科学发展中的本质规律和核心素养。在初中化学课堂上，教师通过引入一些相关的化学史，丰富相关的知识信息，让学生了解化学知识的形成过程，辅助学生进行深刻的思考，可让学生更快更好地理解化学知识。

化学学科核心素养是学生通过化学学科学习而逐步形成的正确价值观念、必备品格和关键能力。价值观念、品格与能力共同成为核心素养的内涵。

我们可以从优秀的化学家身上寻找优秀的、影响其事业成功的品格，包含了学生通过化学学科学习所应形成的重要的品质和品行。

（1）科学思维：化学是宏观现象与微观机理紧密互动、理论与实践相辅相成的学科，通过化学学习，可以培养学生宏微结合、追本溯源、实验实证与理论分析相结合等思维方法，促进学生形成尊重实证、证据推理、系统思考和辩证思考等思维品格。

（2）严谨求实：严谨细致地做实验，细致入微地观察现象和分析数据，遵守实验和科学研究规则，注重安全和环境问题，严谨求实，一丝不苟，这是化学学习与研究给人烙下的品格特质。

（3）创新笃行：化学离不开实验，更离不开探索实践。化学实验与化学实践之路充满挑战和荆棘，甚至有中毒、爆炸等风险，但化学家不畏艰辛和困苦，投身于对物质世界奥秘的探究，投身于创造对人类社会有价值的物质和技术之中。通过化学学习，学生会逐渐感知、领悟和形成勇于探索、敢于创新、锲而不舍的精神品格。

以下是初中化学各单元可以作为开展化学史教育的切入点的内容概览：

（1）绪言：化学学科的发展。

早期的化学知识：从古代的炼金术、制药等行业中寻找化学知识的起源。

化学科学的形成：讲解19世纪初叶道尔顿的原子论、阿伏伽德罗的分子学说、门捷列夫的元素周期律等重大发现如何改变了人们对物质世界的认识。

现代化学的崛起：讲述20世纪以来，化学学科如何与其他学科交叉融合，产生出许多新的分支学科，如物理化学、生物化学、环境化学等。同时可以提及这个时期的一些重大化学发现和发明，如合成氨、液晶等。

化学在生活中的应用：介绍一些日常生活中的例子，如药物研发、材料科学、能源科技等，说明化学是如何影响并改善我们的生活的。

未来的化学：讨论化学学科在未来的发展方向，如绿色化学、纳米科技、合成生物学等新兴领域的前景和挑战。

通过这样的讲述，既能让学生更好地理解化学是一门不断发展和变化的学科——它既有自己的历史传承，又不断与其他学科相互渗透和创新，还能激发他们对化学学科的兴趣和热情，为他们的未来学习和职业生涯打下坚实的基础。化学史中记录了许多科学家的工作和思想，他们通过不懈的努力和深邃的思考，形成了我们今天所遵循的科学方法和精神。学习化学史可以让我们理解科学探索的不易，以及科学家们的坚持和智慧。

（2）第一单元：炼丹术、炼金术、早期的化学实验室。

从古代炼金术士到现代化学家，他们都是怀着对自然的好奇心，不断探索、尝试、失败、再尝试，最终才取得了显著的成果。化学史也为化学技术创新提供了灵感。例如，现代材料科学的快速发展，很大程度上得益于对古代制陶、冶金等工艺的研究。通过对历史上的发明和发现进行深入研究，我们可以获得新的科学视角，为技术创新提供思路。

（3）第二单元：氧气的发现、空气成分的探究。

空气成分的探究这一段化学史具有深远的育人意义。它不仅展示了科学探究的过程，还体现了科学精神、科学思维和科学方法的重要性。以下是它的具体育人意义：

培养科学精神：空气成分的探究史体现了科学家们勇于探索、追求真理的精神。这展示了科学家们如何通过不懈的努力，克服各种困难，最终揭示了空气的组成。这种精神可以激励学生们在面对问题时，不畏困难，积极探索，追求答案。

培养科学思维：空气成分的探究过程展示了科学的思维方式。科学家们通过观察、假设、实验和验证，一步步逼近真相。教师可以教导学生如何运用科学的方法，观察世界，提出假设，并通过实验来验证假设，从而形成自己的观点和知识。

培养科学方法：空气成分的探究过程中，科学家们运用了各种科学方法，如化学实验、物理测量、数学计算等。这些方法不仅在科学研究中有着重要的应用，在日常生活中也同样重要。通过学习，学生可以了解并掌握这些科学方法，在未来的学习和生活中更好地应用。

培养批判性思维：在空气成分的探究过程中，科学家们不断对已知的观点和假设进行质疑和挑战。这展示了批判性思维的重要性。通过批判性地思考问题，科学家们得以发现新的现象，提出新的观点，推动科学的发展。这教导学生在接受知识和观点时，要有批判性的眼光，不盲从，敢于质疑，勇于挑战。

培养社会责任感：空气成分的探究史展示了科学研究对社会的影响。科学家们的研究成果不仅增进了我们对空气的认识，也为环境保护、能源利用等社会问题提供了重要的依据和指导。这教导学生，作为社会的一员，他们有责任通过科学研究，为社会的发展和进步做出贡献。

培养对科学的兴趣和热爱：通过学习空气成分的探究史，学生们可以感受到科学的魅力，从而激发他们对科学的兴趣和热爱。这对于他们未来的学习和职业选择都有重要的影响。

（4）第三单元（1）：元素周期律的发现。

通过讲述门捷列夫发现元素周期律的故事，可以引导学生理解科学研究的艰辛和挫折，同时也能让他们认识到科学研究的价值和意义。此外，通过讲述居里夫人发现镭的故事，可以引导学生了解科学家的社会责任和使命，激发他们的爱国情怀和奉献精神。

（5）第三单元（2）：原子结构的演变。

原子结构模型的演变历经了：道尔顿实心球模型—汤姆生枣糕状模型—卢瑟福核式模型—玻尔量子化模型—电子云模型5个阶段。

通过了解原子结构模型演变史，我们可以看到科学的发展是一个不断探索和修正的过程。科学家们在前人的基础上不断进行尝试和改进，最终揭示了原子结构的真相。首先，在科学探索过程中，科学家们需要具备敏锐的观察力、严谨的实验设计和数据分析能力以及创新思维。其次，在科学探索过程中，科学家们需要不断地进行实验和观察，勇于面对失败和挫折。最后，在科学探索过程中，科学家们需要具备批判性思维和独立思考能力，不盲目相信权威和传统观念。通过学习原子结构模型演变史，学生可以了解到科学家的思维方式、研究方法、实践探索精神和坚韧不拔的品质等科学精神，从而培养自己的科学素养和创新思维。

（6）第三单元（3）：张青莲院士及对相对原子质量的测定。

相对原子质量的测定是一个复杂而精细的过程。在过去，科学家们使用质谱仪等仪器设备来测定原子质量。而张青莲院士则通过改进和创新，提出了一种更加精确的测定方法，使测定结果更加准确可靠。这有助于提升化学学科的测定精度。他的研究成果在国际上也得到了广泛的认可和应用。

张青莲院士对化学的投入和贡献，以及他在测定铟的相对原子质量方面所取得的成就，可以让学生了解到化学学科的重要性和魅力，从而激发他们对化学学科的热爱和兴趣，唤起学生的民族自豪感。

张青莲院士在测定相对原子质量的过程中，展现出了严谨的科学精神和高度的科学态度。他的研究方法和研究成果，不仅为化学学科的发展做出了贡献，也为学生提供了科学研究和科学实践的范例，有助于培养学生的科学精神和科学态度。

张青莲院士在科学研究中的坚持不懈、精益求精的精神，以及他对化学学科的深厚热爱和贡献，都展现了他所代表的科学家精神。这种精神可以激励学生在学习和未来的工作中追求卓越，不断探索和创新。

（7）第四单元：水的组成的探究。

向学生介绍化学史上的著名人物，如卡文迪许、拉瓦锡、道尔顿等，以及他们在水的组成研究方面的贡献，有助于学生了解科学发展的历程，培养他们的科学精神和创新精神。可以通过电解水实验来探究水的元素组成，或者使用质谱仪等精密仪器来检测水的分子结构等。让学生不仅能够了解化学史上对水的组成的探索，还能够掌握科学探究的方法和技能，培养科学精神和创新能力，提高安全意识和化学知识应用能力。这些都将对他们未来的学习和职业生涯产生积极的影响。

（8）第五单元：质量守恒定律的发现。

质量守恒定律的发现经历了漫长的过程。早在16世纪，西方科学家已经观察到物质在化学反应前后质量保持不变的现象。然而，这一现象并未得到充分的重视和深入研究。直到18世纪，随着工业革命的推进和科学技术的迅速发展，科学家们才开始对质量守恒定律进行系统的研究和实验验证。最终，在19世纪初，德国化学家瓦尔特·赫尔曼·布尔哈夫提出了质量守恒定律，指出物质在化学反应前后质量是恒定的，不会发生改变。这一理论的提出，奠定了现代化学的基础，同时也成为物理学、生物学等多个学科的重要理论基础。

首先，质量守恒定律，是自然科学史上的一座丰碑，是人类对自然界规律的一次重大发现。质量守恒定律所蕴含的科学思维方法和探究精神对于培养学生的科学素养和批判性思维具有积极作用。在理解这一理论的过程中，学生需要掌握观察、实验、推理等科学方法，学会从不同角度分析和解决问题。同时，通过探究物质变化的过程及其背后的规律，学生可以培养对科学的兴趣和好奇心，提高独立思考和自主学习的能力。

其次，质量守恒定律的发现史展示了团队合作和跨学科交流的重要性。这一理论的提出离不开众多科学家长期的共同努力和交流合作。教师可以引导学生关注这一过程中的团队合作和交流协作，帮助他们认识到合作的力量和跨学科思考的重要性。

最后，从古代的炼金术到近代的化学，人们一直在追寻物质变化的奥秘。科学家们不断探索、质疑、实践和反思。这种勇于探索、不断质疑的精神，正是我们今天的教育所需要的。通过了解质量守恒定律的发现史，学生可以学习到科学家的探究精神，培养自己的科学态度和问题解决能力。

（9）第六单元：人造金刚石和金刚石薄膜以及各种含碳材料的研究与发展。

随着科技的发展，含碳材料的应用领域不断扩大。例如，石墨、炭黑、金刚石、石墨烯、碳纳米管等新型含碳材料在机械、电子、电器、航空航天、核能、冶金、化学和体育器材等领域得到了广泛的应用。这些材料具有独特的物理和化学性质，如高导电性、高热导率、高强度等，使得它们在各种应用中成为不可或缺的材料。

含碳材料的不断发展作为化学史，可以给学生带来以下启示：

①化学知识的不断积累和进步：含碳材料的不断发展是人类对化学知识不断探索和积累的结果，它展示了人类对自然界的认知和利用能力的不断提升。这可以激励学生不断学习化学知识，探索未知领域，为人类的科技进步做出贡献。

②理论与实践的结合：含碳材料的发展不仅涉及理论知识，也涉及实际应用。这可以引导学生将理论知识与实践相结合，通过实验和观察来验证理论知识，同时也可以通过理论知识来指导实践。

③创新精神的培养：含碳材料的不断发展展示了人类在面对挑战时的创新精神。科学家们不断探索和研究新的含碳材料，通过实验和观察来发现新的现象和性质。这可以激励学生培养创新精神，勇于尝试新事物，不断探索未知领域。

④化学与人类生活的联系：含碳材料在人类生活中有着广泛的应用，如燃料、建筑材料、电子设备等。这可以引导学生了解化学与人类生活的联系，以及化学在解决人类问题中的作用。

⑤科学研究的长期性和复杂性：含碳材料的不断发展是一个长期而复杂的过程，需要科学家们不断的努力和探索。这可以引导学生了解科学研究的长期性和复杂性，以及科学研究需要耐心和毅力的品质。

（10）第七单元：能源的不断发展与优化。

介绍多种类型的能源，如化石燃料、可再生能源、核能等。这些能源具有不同的特点和使用范围，它们的互补性使得人类可以根据不同的需求和条件选择。例如，化石燃料具有能量密度高、易储存和使用方便等特点，是现代工业和交通领域的主要能源。而可再生能源如太阳能、风能等则具有清洁、可再生等优势，适合用于可持续发展的需求。

随着人类对能源需求的不断增加，能源的效率和可持续性成了越来越重要的问题。例如，人类不断探索新的催化剂和反应条件，以提高燃料的燃烧效率并减少污染物排放。同时，人类也在积极开发新的可再生能源和清洁能源，以减少对化石燃料的依赖并保护环境。

这部分化学史的学习，为学生在学习化学知识的同时提供了更广阔的视野和思考空间。通过了解化学史中能源的发展和优化，学生可以更好地理解当前能源现状和发展趋势，并探索未来的能源发展方向。

（11）第八单元：金属材料的发展。

金属材料的不断发展这一部分化学史可从以下方面发挥育人功能：

①传承科学精神：通过了解金属材料的发现、发展和应用，可以培养学生的科学精神，包括探索、实践、创新和批判性思维等。这些精神对于学生的未来发展非常重要，无论是在学术领域还是在职业生涯中。

②增强实践能力：金属材料的制备、加工和性能优化过程中，需要经过多个实践环节。学生通过参与这些实践环节，可以提高自己的动手能力、观察力和解决问题的能力。

③培养创新思维：金属材料的研究和应用中，需要不断探索新的制备方法、加工技术和性能优化方案。这需要学生具备创新思维和创新能力，以适应不断变化的应用需求和市场趋势。

④拓宽知识视野：金属材料的发展历程中，涉及许多不同学科的知识，如化学、物理、工程等。学生通过了解这些知识，可以拓宽自己的知识视野，提高综合素养。

⑤培养责任感和使命感：通过了解金属材料在人类文明进程中的重要作用，可以培养学生的责任感和使命感，激发他们为人类社会的进步和发展做出贡献的热情。

（12）第十单元：酸碱指示剂的发现。

在化学发展的历程中，酸碱指示剂扮演了至关重要的角色。它不仅在化学实验中具有检测溶液酸碱性的实用价值，同时是一个帮助学生理解科学原理、培养创新思维和环保意识的绝佳工具。

①酸碱指示剂：化学史上的里程碑。

酸碱指示剂是一种可以颜色变化来指示溶液酸碱性的化学物质。它的发现极大地推动了化学的发展，使人们能够通过视觉观察来定量地测定溶液的酸碱性。这一重要发明为化学研究开辟了新的领域，也使得化学实验更加便捷和准确。

②环保意识培养：可持续发展观念的形成。

在介绍酸碱指示剂时，可以融入环保知识与理念。例如，强调酸碱指示剂在实验中的使用要遵循绿色化学原则，减少废弃物的产生。此外，可以通过探讨酸碱指示剂在工业生产中的应用案例，让学生了解可持续发展的重要性，培养他们的绿色化学观念。

③创新思维培养：新型解决问题方法与小发明创造。

在讲解酸碱指示剂过程中，教师可以鼓励学生们尝试新的问题解决方法。例如，探讨是否有其他化学物质可以作为酸碱指示剂，或者如何通过改变酸碱指示剂的配方来提高其灵敏度。此外，教师可以引导学生开展小发明创造活动，如设计一种新型的酸碱指示剂或开发一种基于酸碱指示剂的便携式检测设备，以提高他们的自主创新能力。

④整体育人效果：形成良好的道德品质和行为习惯。

通过学习酸碱指示剂的相关知识，学生不仅了解了化学发展的历程和科学原理，更重要的是形成了批判性思维、逻辑分析等能力。同时，环保知识和绿色发展理念的融入也帮助学生树立了正确的价值观和道德观念。这种全方位的教育方式有助于学生在学习过程中形成良好的道德品质和行为习惯。

（13）第十一单元（1）：我国制碱工业的先驱——侯德榜先生及侯氏制碱法。

1921年，在美国化学界与制革业小有名气的侯德榜，收到了来自祖国的聘请信。这封信来自实业家范旭东，他看到了当时中国制碱业的一片空白，感到祖国工业处处受制于人，就萌生了创立"永利制碱厂"的想法。侯德榜被范旭东先生的爱国热情所感召，毅然放弃了自己前途不可限量的制革事业，义无反顾地走上了科学与工业救国之路，成为永利制碱厂的总工程师。

在侯德榜的指导下，经过千百次试验，终于探索出"侯氏制碱法"，这种方法使制碱与合成氨两大化工生产体系综合在一起，开辟了人类制碱的新纪元。这种制碱法使我国制碱工业跃居世界先进地位，它也被中外科技界称为"侯氏制碱法"。

侯德榜一生勤奋好学，大胆创新。他的座右铭是"勤能补拙，俭能养廉；明察秋毫，不断提高"。侯德榜先生不仅是一位杰出的科学家，还是一位心怀祖国的爱国主义者。他用自己的所学所长为祖国的发展做出了巨大的贡献，也展现了他的爱国情怀。通过侯德榜先生的实例，教师可鼓励学生不断实践和尝试，锻炼自己的动手能力和解决问题的能力，培养学生的创新思维和创新精神，培养他们的科学精神和爱国热情。

（14）第十一单元（2）：化学肥料的发展与优化。

介绍化学肥料的发展历程包括各种新型化学肥料的研发过程、技术改进和产业升级等方面的知识，讲述科学家们在研发过程中的科学精神、创新思维和坚韧不拔的毅力等。由此让学生了解科学研究的重要性和必要性，激发他们的科学兴趣和创新精神。同时也要引导学生关注环境保护和可持续发展等方面的问题，让学生了解化学肥料对环境和人类健康的影响，提高他们的环保意识和社会责任感。

（15）第十二单元：化学材料的日新月异。

随着科技的飞速发展，化学材料在能源、信息、环境、医疗等领域的应用日益广泛，为人类的生活带来了极大的便利。近年来，化学材料领域取得了重大突破和技术变革。新型金属材料如轻质高强合金的出现，使得航空、汽车等行业的制造更加高效、环保；高分子材料的创新发展则带来了更为出色的物理性能和化学性能，如防水、防污、抗菌等，为消费品市场提供了更多的选择。

尽管新型化学材料的发展取得了显著的进步，但仍面临着许多挑战。环境友好性、可持续性是未来发展的关键因素。随着环保意识的提高，对化学材料的环保性能提出了更高的要求。因此，未来的研究方向应致力于开发环境友好、可持续的新型化学材料。同时，新型化学材料的研发需要不断地打破技术瓶颈，提高生产效率，降低成本，以进一步推动其在各领域的应用。

面对环保和可持续发展的挑战，我们仍需不断探索和创新。

这些化学史的教育，体现了化学在能源问题、粮食问题、环境问题、健康问题、资源与可持续发展等问题上扮演着重要的角色，化学的核心知识已经应用于自然科学的各个区域，是创造自然、改造自然的强大力量的重要支柱。增强学生学好化学造福人类的社会责任感。

第四节　进行环境教育，增强环保意识

随着环境问题日益严重，环境保护已成为当今社会关注的焦点。初中化学作为一门基础学科，对于培养学生的环保意识具有义不容辞的责任。因此，我们应当在化学教育中加大环境教育力度，系统开展环境教育，增强学生的环保意识，使他们形成绿色、低碳、环保型生活方式和消费观念，引导学生形成对环境问题的正确认识，培养他们在实际生活中实践环保行动的能力。

一、化学课堂实施方案

在日常化学课堂中，我们可以融入以下环境和技能培训内容：

（1）讲解环境污染及其危害，使学生了解环境保护的重要性。

（2）结合化学知识，介绍低碳生活、绿色消费等环保行为的方式和方法。

（3）开展实验课程，通过实验操作培训学生掌握减少污染、节约资源的基本技能。

（4）引入真实案例，让学生了解环境问题与人类活动的紧密联系，培养他们的分析能力和判断力。

二、整合跨学科资源

借助不同领域知识开展环境教育，可以让学生更全面地了解环境保护的意义和方法。例如，可以联合地理学科分析环境污染对生态系统的影响；联合生物学科讲解环境保护与生物多样性的关系；联合物理学科探索能源利用与碳排放的问题。

三、进行课外活动设计

（1）组织以下课外活动：参观环保设施，如污水处理厂、垃圾焚烧厂等，让学生直接了解环保措施的实际运作。

（2）开展环保主题的社会调查，如调查家乡的河流污染情况，提出治理建议。

（3）组织环保知识竞赛和演讲比赛，增强学生对环保知识的理解和记忆。

（4）鼓励学生在日常生活中实践环保行为，如减少塑料使用、分类投放垃圾等。

四、加强家校互动合作

家长和社会其他成人群体也能积极参与环境教育。他们可以通过以下方式传授相关知识：

（1）家长可以引导孩子在家庭中实践环保行为，如垃圾分类、节约用水等。

（2）学校可以邀请环保专家或学者来校举办讲座，分享他们的专业知识和经验。

（3）社会机构可以组织环保活动，邀请学生参与，让他们在实践中感受和理解环保的重要性。

五、环境教育课例

（一）课例一：爱护水资源

【教学目的】

（1）让学生了解水资源的概况和重要性，提高保护水和节约用水的意识。

（2）帮助学生掌握爱护水资源的相关知识，包括水污染的来源、危害和防治方法等。

（3）通过探究式学习活动，培养学生的实验技能和独立思考能力。

（4）通过实验与实践项目，让学生了解环保行动的重要性，培养实践能力和创新意识。

（5）通过家庭节水方案的设计，引导学生掌握节水的方法，树立可持续发展的观念。

【教学重点】

（1）了解世界和我国的水资源状况，学习用辩证的方法看待水资源的丰富和有限。

（2）初步懂得合理利用和保护水资源的重要性和迫切性，从而形成节约用水、保护环境的良好品德。

（3）了解水体污染的类型及其危害，以及改善水质的主要方法。

【教学难点】

认识到爱护水资源的重大意义，以及通过研究性学习得出切实可行的爱护水资源的措施。

【教学方法】

（1）小组协作研究学习：学生分组进行实地调查，参观自来水厂，调查前山河整治前后并写成研究性调查报告。

（2）查阅资料：了解世界、我国和珠海的水资源状况，了解水体污染的类型及其危害，改善水质的主要方法。

（3）收集资料：收集家庭水费清单，了解水费的计算方法。

（4）多媒体展示探究结果：学生将自主获得的信息以手抄报的形式展出并相互学习。

（5）带领学生创设微信公众号，宣传节水意识。

【教学流程表】

教师活动	学生活动	设计意图
提前将学生分为3组，布置周末任务。	第一组：查阅资料。了解世界、我国和珠海的水资源状况，了解水体污染的类型及其危害，了解改善水质的主要方法。 第二组：参观自来水厂。了解自来水厂净水的过程，并做成汇报视频。 全班：收集家里上个月的水费清单，了解水费的计算方法。	通过查阅资料，学生可以了解到水资源情况，这将有助于他们认识到水资源的珍贵性和保护水资源的必要性。通过了解水体污染的类型及其危害，可以帮助学生认识到保护水资源的紧迫性。通过查阅水费清单，学生可以了解并掌握如何查看水费账单，让学生了解到家庭用水的数量和费用，从而提醒他们节约用水，培养环保意识。
展示图片导入新课。 提问：这半年来，珠海到处都在挖坑，这给我们的生活和出行带来了很大的不便，请问，图中的人们在干什么？	学生不约而同地回答：修水管。	雨污分离工程在珠海实施半年多了，几乎遍及每个小区，但学生对身边的事情熟视无睹，更不能将身边发生的事和所学的知识联系起来。用此图片引入新课的目的是希望培养学生善于观察、勤于思考的习惯，并引出课题。

（续上表）

教师活动	学生活动	设计意图
纠正学生的认识，介绍雨污分离工程。 雨污分流指将污水和雨水分开，各用一条管道输送，进行排放或者后续处理的排污方式。 雨水经过雨水管网，直接排到沟渠河道。 污水经过污水管网收集后，送到污水处理厂进行处理，水质达到国家相应标准后再排放。	思考并回答：为什么国家要花费这么大的人力物力建设雨污分离工程？	让学生了解到当今社会，环境问题日益凸显，其中，雨污混流现象严重影响了我们的生活质量和环境健康。在此背景下，雨污分离工程应运而生，它旨在通过科学合理的工程技术手段，实现雨水和污水的有效分离与处理。向学生介绍这一工程，让学生理解节约水资源的重要性，并树立学好化学造福人类的思想。
【提问】 雨污工程最大的出发点是保护雨水不被污染，地球上的淡水资源是取之不尽用之不竭的吗？	学生先看课本第 69 – 72 页，了解淡水资源的分布情况。接着第一组同学用幻灯片展示查阅的资料：介绍世界、我国和珠海的水资源状况；介绍我国的"南水北调"工程及其取得的重大成就；强调爱护水资源的方法；介绍水体污染的类型及其危害，介绍改善水质的主要方法等。	让学生自行查阅资料，有助于提高他们的信息收集和整理能力，锻炼学生的自主学习能力。 介绍"南水北调"工程及其取得的重大成就，与地理、道法等学科知识融合，实现课程思政的目的。 通过了解水体污染的原因、危害以及改善水质的方法，可以帮助学生更好地理解科学知识在解决实际问题中的应用，促进他们的科学素养发展；增强他们的社会责任感，促使他们在日常生活中采取实际行动保护环境。

（续上表）

教师活动	学生活动	设计意图
【提问】 淡水资源非常有限，我们日常生活中使用的淡水来源于哪里？它需要经过怎样的处理才能流入千家万户？	第二组同学以视频的方式展示珠海南区自来水厂净水的过程，并展示前山河的整治过程。 其他学生观看视频，归纳自来水厂净水的步骤和作用。	增强学生对自来水处理过程的了解：通过实地参观，学生可以亲眼看到自来水从源头到家庭水龙头的整个处理过程，增强他们对自来水处理过程的直观认识。 通过参观自来水厂，可以让学生了解到水资源是多么宝贵，以及水资源的污染是多么严重。通过这个过程，可以增强学生保护水资源、珍惜水资源的意识。 自来水厂净水过程的背后涉及许多科学原理和技术应用。通过参观，学生可以了解到科学技术在水资源处理中的应用，提高他们对科学技术重要性的认识。
上周末，我们布置了查阅家庭水费清单、了解水费的计算方法的作业，下面，请同学们就家里上个月自来水的使用情况进行交流。	学生展示自家水费清单，并和同学比较家庭用水的数量和费用，根据水费的多少进行交流，讨论水费差异较大的原因。	通过查阅水费清单，学生可以了解并掌握如何查看水费账单，这对其未来独立生活很有帮助。 水费清单可以让学生了解到家庭用水的数量和费用，从而提醒他们节约用水，培养环保意识。 了解自来水收费方法也可以让学生更好地理解公共资源的管理和使用，增强他们的公民意识。

（续上表）

教师活动	学生活动	设计意图
在家里、在学校，我们存在哪些不良的用水习惯？要怎么改进？	【讨论，总结】 不良用水习惯：有些人在洗手、刷牙、洗脸时不关闭水龙头。有些人喜欢长时间洗澡或者频繁洗澡，这样会浪费大量的水资源。水管老化或者水龙头有问题时，可能会出现漏水的情况，这样也会造成水资源的浪费。 要改进这些不良的用水习惯，可以采取以下措施： 了解水资源的珍贵性和节水的重要性，增强节水意识。更换节水器具可以有效地降低用水量，比如节水洗手盆、节水马桶等。合理安排洗澡时间，定期检查水管和水龙头是否漏水，及时维修和更换。 一水多用，洗完菜的水用来浇花，洗完衣服的水用来拖地，收集衣服多一些再用洗衣机洗，采用喷壶或者滴灌的方式浇花等，避免浪费水资源。	通过讨论，学生能够更加清楚地认识到自身和周围人群中存在的不良用水习惯，以及如何制订和实施改进计划，从而提升他们的环保意识和节约水资源的意识，培养良好的用水习惯，推广水资源保护知识，改善环境，以及培养分析和解决问题的能力。从而在日常生活中采取更加环保、绿色的生活方式，实现化学学科育人的目的。

（续上表）

教师活动	学生活动	设计意图
【布置课后作业】 （1）每位同学与家人一起，制订一份家庭用水方案。 （2）以班级名义向全校师生发出"爱护水节约水，共建绿色校园"的倡议书。	学生交流水费清单后，可以与家长一起讨论家庭的用水情况，以及如何在未来更好地节约用水，制订一份家庭用水方案。	制订家庭节水方案不仅可以节约水资源，减少水资源的浪费，提高水资源的利用效率，从而缓解水资源短缺的压力，还可以保护环境，提高家庭经济效益。

【教学反思】

水是地球上最重要的资源之一，然而随着人口的增长和工业的发展，水资源的需求日益增长。同时，水污染、过度用水等问题也日益严重。因此，开展爱护水资源的教育活动，让学生了解水资源的珍贵性、保护水资源的重要性，提高他们的环保意识，是非常必要的。

在本次课程中，学生的参与度较高，积极发言、讨论热烈。教学内容丰富、生动有趣，让学生更好地了解水资源的分布、循环和利用等方面的知识。通过开展丰富的实践活动和宣传活动，紧密联系生活实际，加强对学生的引导和教育，触动学生的内心，培养学生的环保意识，让爱护水、节约水的意识在学生的心里扎根。同时，他们也提出了一些建议，如在学校推广节水措施、加强水资源保护的宣传、在家庭里制订节水方案并贯彻落实等。

在同学们交流水费清单时，班里的何同学家里的水费支出接近其他三口之家的 3 倍，何同学吓了一跳，当晚回家就进行了调查，并和父母制订了家庭用水方案，以下是他的方案：

家庭用水方案

作者：何同学　时间：2022 年 10 月 25 日

一、方案制作原因

（1）人类可直接利用的淡水资源非常少，要节约用水；

（2）和同学家相比，我家用水量过大，制订节水方案事不宜迟。

二、珠海市自来水价目表

珠海市自来水价目表

用水类别			水价（元/立方米）
居民生活用水	阶梯水价（每月每户）	20 立方米及以下部分	1.74
		21～30 立方米部分	2.61
		31 立方米及以上部分	3.48
	合表用户		1.94
非居民生活用水			2.43
特种用水			6.50

三、9 月份我家的水费账单

使用水量：97 吨

水费：292.43 元

污水费：78.57 元

垃圾处理费：20 元

合计：391 元

四、用水量过大原因调查

（1）妈妈把我们 3 人的衣服分开洗，一两件就用洗衣机洗一次；

（2）爸爸解冻肉类时，不停地放水，洗碗时也不停地放水；

（3）我洗澡时间太长（一般 30 分钟）；

（4）没有实行一水多用。

五、以后用水的方案

（1）我洗澡时要速战速决（5分钟搞定）；

（2）我爸要用盆子接住水洗菜、洗碗；

（3）我妈要收集多了衣服再用洗衣机洗；

（4）一水多用，洗完菜的水用来浇花，洗完衣服的水接出来给阿姨拖地，在马桶水箱内放一支装满水的大可乐瓶；

（5）用完水以后关紧水龙头。

温馨提示：以上用水方案全体家庭成员要遵照执行，争取每个月的水费和杨同学家一样（不超90元）。

第二天的化学课上，何同学主动给大家展示了他家的节水方案，还表示以前没有关注家里的用水情况，以后一定要和家人一起，节约水，用好水。看着他认真又着急的样子，我的心里非常感动。2个月后的期末家长会，何同学的妈妈特意告诉我，说他们家上个月的水费只有近百元，以后还会继续努力。节约用水，作为初三化学教师年年都讲，但学生很难真正将其跟生活实际联系起来，这节课，我通过让学生查询水费、交流水费等方法，触动了学生的心灵，让他们产生了以实际行动来节约水的情感共鸣，达到了育人的目的。

在以后进行这部分知识教学时，我将更多地介绍当地的实际情况和实践经验，以便更好地与学生产生共鸣和联系。还可以邀请当地的水资源保护专家或组织来分享他们的经验和做法，加强与同事和家长的沟通合作，可以邀请同事共同参与课程设计和教学研讨，提高教学质量；邀请家长参与课程组织和实施，共同推进环保教育的发展。通过系统开展环境教育，大幅度提升学生辨识绿色能源低碳生活模式的能力。这将有助于他们在未来的生活和工作中更好地关注和保护环境，为构建美好的生态环境做出贡献。

（二）课例二：《我们周围的空气》大单元教学设计

【课例设计目的】

空气作为我们生活中的重要物质，是学生开始学习化学时首先接触到的内容。通过这个单元的教学，可以引导学生们进入化学世界，了解化学与生活的关系，激发他们对化学学习的兴趣。采取大单元教学，注重学生的思考和质疑，通过引导学生们对空气的成分、性质等进行深入思考，强调学生的主动参与和探究，通过观察、实验、推理等方式，让学生自主发现空气的组成、性质和用途等知识。这不仅有助于培养学生的科学探究能力，还能让他们在实践中理解和掌握化学知识。通过大单元教学，让学生探究空气污染的原因和解决方法，使他们更加深入地了解空气污染的危害和保护环境的重要性，培养学生的环保意识和创新能力。

【大单元教学设计】

单元基本信息			
学科	化学	实施年级	初三
使用教材	人民教育出版社《化学（九年级上册）》（2012 年版）		
单元名称	第二单元　我们周围的空气		
单元课时	10 课时		
学习概述			

1. 学情分析

　　化学研究的对象是物质，让学生学会研究物质性质的一般思路和方法，是初中化学教学的基本任务之一。本单元以学生最熟悉、自然界存在广泛的物质之一——氧气作为学习的范例，从氧气的存在、性质、制取、用途四个方面入手，多采用学生自主活动的方式编排教材，使学生始终保持浓厚的兴趣并从探究活动中获得积极的情感体验。从化学的角度使学生对氧气这种物质有了更深刻的认识和理解，为我们进一步认识物质的化学变化和化学性质提供了真实材料，也为我们正确理解化合反应和分解反应、纯净物和混合物以及氧气的实验室制取和收集方法等基本概念和原理提供了依据，从熟悉的事物入手，可以比较顺利地引导学生进入化学世界来探索物质的奥秘，通过氧气的性质和制取等实验，不仅可以培养学生的观察能力、分析能力，而且在实验的过程中初步熟悉认识物质性质的方法，培养相互合作、交流的能力以及实事求是的科学精神。

2. 内容分析

　　本单元的学习内容分为以下 3 个主题：

　　（1）主题 1：空气。知道空气的组成，了解空气的发现史，通过定量探究空气中氧气的含量认识科学探究的意义和基本方法，能区分混合物和纯净物，认识空气质量报告，了解从空气中分离氧气的方法和原理及各成分的用途，认识空气对人类生活的重要意义。

（续上表）

（2）主题2：氧气。了解氧气的物理性质，掌握氧气的化学性质，认识氧气能与很多物质发生氧化反应，学会观察物质在氧气或空气中燃烧的现象。

（3）主题3：制取氧气。知道实验室里制取氧气的反应原理、实验装置、收集方法，了解催化剂的概念，认识常见的化合反应、分解反应，能够动手制取氧气并验证氧气的性质。

3. 目标分析

对应学科核心素养	教学目标
化学观念	（1）初步认识物质的多样性，学会对物质及其变化进行分类的方法，能识别纯净物和混合物；（2）认识氧气的性质与氧气用途的关系；（3）了解催化剂原理，了解化合、分解等反应类型。
科学思维	（1）初步学会从定性和定量的角度研究物质组成及其变化；（2）学习控制变量和对比试验的实验设计方法；（3）培养基于实验事实进行证据推理、构建模型并推测物质及其变化的能力。
科学探究与实践	通过"验证空气中的成分""测定空气里氧气含量""不同物质在氧气中燃烧""氧气的实验室制取和性质"等实验，初步学习科学探究的方法，培养学生观察、描述、分析实验现象的能力，初步学会归纳、概括、对比的科学方法；归纳实验室制取气体的一般思路和方法。
科学态度与责任	（1）通过氧气的发现史，感受科学发现的过程和所运用的方法，培养学生敢于质疑、实事求是的科学态度；（2）通过小组合作，发展相互交流、共同协作的科学精神和创新意识；（3）通过认识空气对人类生活的重要意义，形成保护环境的态度和健康的生活方式，树立学好化学造福人类的志向与责任担当。

（续上表）

4. 重难点分析

重点：空气的成分及测定空气中氧气体积分数的策略；认识空气对人类生活的重要意义；掌握实验室里获得氧气的方法；了解氧气的性质及用途，氧气的实验室制取。

难点：设计实验方案测定空气中氧气的含量，了解催化剂和催化原理。

5. 教学策略

以学生为主体，以单元大概念为引领，紧密联系实际，创设真实的任务情境，提出能启发学生思维的问题，让学生围绕问题开展以实验为基础的多样化科学探究活动，通过探究学习、自主学习与合作学习等活动建构知识，发展学生的思维能力和核心素养。

6. 开放性学习环境

遵循学生的学习心理，通过利用多媒体等开放的教学手段呈现丰富的学习内容；通过实验法，让学生感受化学仪器之美，从而掌握实验操作和原理；向 STS 内容开放，让学生认识到身边处处有化学，激发学习兴趣；向化学史等各种情景素材开放，有助于进行科学方法论教育等。

教学规划

本单元以氧气为核心，从"氧气的存在形式""氧气的性质与用途""氧气的制取方法"3 个主题展开单元教学，本单元的知识网络图如下：

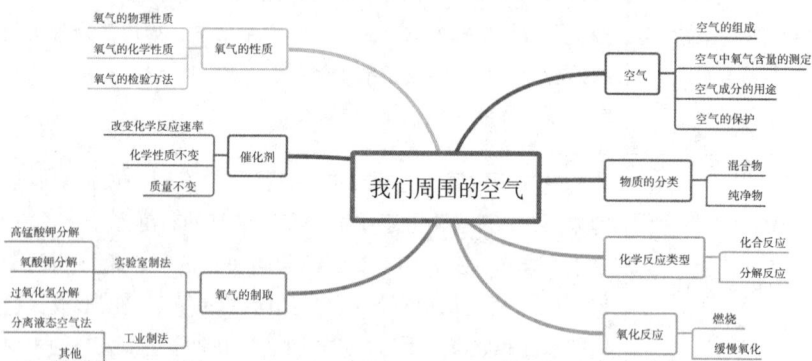

（续上表）

单元教学整体规划如图：

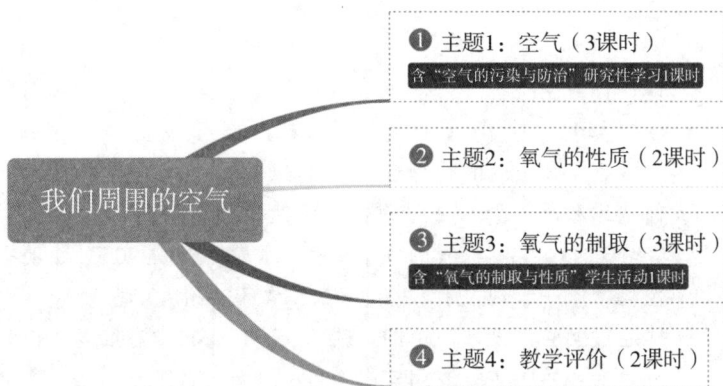

❶ 主题1：空气（3课时）
含"空气的污染与防治"研究性学习1课时

❷ 主题2：氧气的性质（2课时）

我们周围的空气

❸ 主题3：氧气的制取（3课时）
含"氧气的制取与性质"学生活动1课时

❹ 主题4：教学评价（2课时）

教学流程					
情境线（教学环节）	问题线	活动线	知识线	素养线	评价线
创设情境，引出课题	宇航员在不同环境中的着装有什么不同？	观看神舟12号有关视频，思考问题，得出答案。	呼吸需要氧气，氧气大多来自空气。	科学思维	能从化学的角度观察和思考问题。
感知空气的存在	空气是无色无味的气体，如何感知空气的存在？	设计一个简单的实验或用实例证明空气的存在。	空气就在我们的周围。	探究实践	能初步设计实验方案证明空气的存在。

（续上表）

教学流程					
情境线（教学环节）	问题线	活动线	知识线	素养线	评价线
认识空气的成分	谈谈你对空气的认识？科学家是如何认识和研究空气的？像科学家一样通过实验或生活经验证明空气中存在氧气、水蒸气等成分。	（1）归纳空气的物理性质；（2）了解空气的发现史；（3）设计简单的实验或用实例证明空气中存在氧气等成分。	（1）空气无色无味，能产生压力，含有氮气、氧气、水蒸气、二氧化碳等成分，不是一种单一的物质。（2）科学家发现空气成分的历史。	探究实践、化学观念、科学态度与责任	（1）能加深对物理性质概念的理解；（2）能通过实验证明空气的某些成分；（3）通过学习氧气的发现史，培养学生敢于质疑、实事求是的科学态度。
探究空气的组成	拉瓦锡是如何定量测定空气中氧气含量的？怎样根据拉瓦锡的思路设计实验，测定空气中氧气的含量？以上装置各有哪些优缺点？什么是混合物？什么是纯净物？	阅读课本分析拉瓦锡实验的原理和装置。阅读课本分析拉瓦锡实验的原理和装置。小组合作，归纳拉瓦锡测定空气中氧气含量的思路。	（1）从定性认识到定量探究，理解测定空气中氧气含量的原理和方法。（2）学会从原理要科学、方法要简单、操作要安全环保等角度思考问题，改进优化实验方案。（3）认识混合物和纯净物。	化学观念、科学思维、探究实践、科学态度与责任	（1）感受科学发现的过程和所运用的方法，归纳科学探究的一般思路；（2）学习从混合气体中除去某种气体进而测定其含量的方法；（3）会区分混合物和纯净物。

（续上表）

教学流程					
情境线（教学环节）	问题线	活动线	知识线	素养线	评价线
		设计实验，像拉瓦锡一样测定空气中氧气的含量。反思评价，改进实验装置。判断混合物与纯净物。			
认识空气的成分和用途	空气中各成分的用途有哪些？	阅读课本、查阅资料，了解空气中氧气、氮气和稀有气体等成分的用途。	知道空气的具体成分，了解各成分的用途。	化学观念	了解空气中各成分的用途，了解物质的性质决定物质用途的辩证关系。
了解空气对人类生活的重要意义	随着工业的发展，空气日益受到严重的污染，我们该如何防治空气的污染呢？	查阅资料，搜集素材，了解空气污染的危害，了解污染物的来源，知道防治空气污染的方法。	空气的污染物主要是有害气体（二氧化硫、一氧化碳、二氧化氮等）和粉尘等。	化学观念、科学思维、科学态度与责任	认识空气质量报告，认识保护空气的重要性；培养学好化学造福人类的意识。

（续上表）

教学流程					
情境线 （教学环节）	问题线	活动线	知识线	素养线	评价线
阶段性学习评价（见学习评价一）					
展示图片，引出课题	如何给鱼缸增氧？	联系生活实际，归纳氧气的物理性质，了解不同状态的氧气。	常温下氧气是无色无味的气体，密度略大于空气，不易溶于水，在加压降温时能变为液态和固态等。	化学观念、科学思维	从学生熟悉的常识入手，理解氧气"不易"溶于水的事实，归纳出氧气的物理性质。
氧气能和很多物质发生氧化反应	根据测定空气中氧气含量的实验，讨论燃烧的条件有哪些？这些物质在氧气或空气中燃烧的现象是怎样的？实验中要注意什么？这些反应体现了氧气什么样的性质？	（1）观察蜡烛、酒精等燃烧，联想空气中氧气含量测定的实验，归纳"燃烧"现象的特点，猜想燃烧的条件。 （2）得出物质燃烧需要氧气的结论。	（1）氧气的化学性质比较活泼，能支持燃烧，具有氧化性，是常见的氧化剂，在一定条件下能与磷、硫、碳、铁等物质发生反应。	化学观念、科学思维、探究实践、科学态度与责任	能利用生活中最常见的燃烧现象，了解"氧气支持燃烧"的性质，掌握检验氧气的方法。由氧气能跟许多物质发生氧化反应，培养学生构建分类观，学会由特殊

（续上表）

教学流程					
情境线（教学环节）	问题线	活动线	知识线	素养线	评价线
	什么是化合反应，氧化反应？	（3）进行木炭、硫黄、铁丝与空气或氧气反应的实验，学会观察和描述实验现象，得出结论，进行反思。（4）写出相应反应的文字表达式，归纳化合反应和氧化反应的概念。	（2）物质与氧气的反应属于氧化反应。（3）由两种或两种以上的物质生成另一种物质的反应叫化合反应。		到一般的研究方法。联系生活实际，通过演示实验，得出氧气浓度高时，燃烧越剧烈，进一步埋下"定量分析"的种子。
氧气的检验	根据以上学习，你能找到检验氧气的方法吗？	根据氧气能支持燃烧的性质，得出氧气的检验方法。	氧气能使带火星的木条复燃。	科学思维	学以致用，能由氧气的化学性质找出氧气的检验方法。
阶段性学习评价（见学习评价二）					
播放人和动物呼吸的图片，创设情境引出课题	呼吸吸入空气中的氧气，氧气来自哪里？	观看图片，联系以前学过的知识，得出答案。	人和动植物呼吸、燃料燃烧消耗氧气，植物光合作用产生氧气。	科学态度与责任	了解自然界的氧循环，再次强化环境保护意识。

（续上表）

教学流程					
情境线（教学环节）	问题线	活动线	知识线	素养线	评价线
播放医疗急救图片	很多情况下需要比较纯净的氧气，如何获得呢？	讨论，得出氧气的制取方法，包括实验室制法和工业制法。	工业上用分离液态空气等方法制取氧气。	化学观念、科学思维	初步了解制取气体时要充分考虑原料、反应条件等因素。
实验室制取氧气的思路	实验室制取气体要解决哪些问题？	小组讨论，归纳实验室制取气体要考虑的因素和思路。	找到合适的反应原料，了解反应原理，选择所需仪器。	化学观念、科学思维	能归纳出实验室制取气体的一般思路。
加热高锰酸钾制取氧气	加热高锰酸钾制取氧气的实验步骤有哪些？	阅读课本，仔细分析实验装置，小组交流实验步骤和注意事项；学生代表进行演示，其他同学仔细观察，对其操作进行评价。	归纳出实验步骤：查—装—定—点—收—离—熄；认识制取气体的思路：探究反应原理—确定实验装置—气体的检验和验满。	化学观念、科学思维、探究实践、科学态度与责任	通过小组讨论和实验探究，初步认识制取气体的思路，归纳实验过程的注意事项。培养一丝不苟、严谨求实的科学态度。

（续上表）

教学流程					
情境线 （教学环节）	问题线	活动线	知识线	素养线	评价线
继续寻找实验室制取氧气的其他方法	除了加热高锰酸钾制取氧气外，还有别的方法制得氧气吗？这些方法是否适合实验室制取氧气？	提前预习，分享制取氧气的方法，讨论这些方法是否适合实验室制取氧气，最后确定可用过氧化氢溶液制取氧气。	植物光合作用可产生氧气，通电分解水可产生氧气；过氧化钠与水、与二氧化碳可产生氧气。	化学观念、科学思维	初步认识实验室制取气体要考虑原料是否易得，反应条件是否容易达到，气体是否纯净，是否节能环保等因素。
过氧化氢溶液制取氧气	实验室用过氧化氢溶液制取氧气时，为什么总要加入少量二氧化锰？反应后，二氧化锰消失了吗？	分组探究，完成3个实验，药品分别是：（1）过氧化氢溶液；（2）单独加热二氧化锰；（3）在过氧化氢溶液中加入少量二氧化锰。	过氧化氢常温下能缓慢分解出氧气，二氧化锰不能产生氧气，但能加快过氧化氢分解的速率。	化学观念、科学思维、探究实践、科学态度与责任	能参与小组合作，相互交流，发现问题，能完成实验操作，得出结论。

（续上表）

教学流程					
情境线 （教学环节）	问题线	活动线	知识线	素养线	评价线
催化剂和催化作用	反应后，二氧化锰的质量和化学性质改变了吗，它在反应中的作用是什么？	在上述实验（3）的试管中继续加入少量过氧化氢溶液，观察并记录现象，归纳出催化剂的定义。	反应前后二氧化锰的质量和化学性质不变，二氧化锰是催化剂，起催化作用。	化学观念、科学思维、探究实践	能结合实验现象，找出催化剂概念的关键词加以理解，学习控制变量和对比试验的科学方法。
确定制取装置	实验室若用过氧化氢溶液和二氧化锰的混合物制取氧气，该选择怎样的装置？	用所提供的实验仪器组装制取装置，并交流比较装置的优缺点，写出反应的文字表达式。	探寻固体和液体混合物在常温下反应制取气体的装置。	化学观念、科学思维	能初步认识到气体制取装置的选择与反应物状态和反应条件有关，学会分析、比较和评价。
实验室制取氧气的其他方法	加热氯酸钾和二氧化锰的混合物也能制得氧气，如何设计实验证明二氧化锰是该反应的催化剂？	认识氯酸钾，设计实验方案，与同学们交流，写出反应的文字表达式。	氯酸钾在加热和二氧化锰的催化作用下，也能用于实验室制取氧气。	化学观念、科学思维、探究实践	能加深对催化剂概念的理解，在文字表达式中能将催化剂写在正确的位置。

（续上表）

教学流程					
情境线（教学环节）	问题线	活动线	知识线	素养线	评价线
分解反应	实验室制取氧气的 3 个反应与前面所学的化合反应有什么不同？	写出 3 个反应的文字表达式，与化合反应进行对比，得出分解反应的概念。	由一种反应物生成两种或两种以上其他物质的反应。	化学观念、科学思维	能比较化合反应和分解反应的不同，认识化学反应可以分为不同类型的化学观念。
实验探究	实验室加热高锰酸钾制取氧气的实验中，使用了哪些仪器？哪部分是气体发生装置？哪部分是气体收集装置？为什么可用排水法收集气体？	学生独立完成实验室加热高锰酸钾制取氧气和木炭、铁丝等物质与氧气反应的性质实验。	初步学会实验室加热高锰酸钾制取氧气的实验操作；学会氧气能与许多物质发生反应的实验操作。	探究实践、科学态度与责任	本节课是活动与探究课，让学生把自主探究和合作学习融为一体，动手又动脑，参与实验的积极性高，学习化学的兴趣更加浓厚。

（续上表）

教学流程					
情境线 （教学环节）	问题线	活动线	知识线	素养线	评价线
阶段性学习评价（见学习评价三）					
综合实践活动（一）空气污染调查	被污染的空气会对人类带来哪些危害？珠海的空气质量如何？为保护空气，我们可以做些什么？	(1) 了解空气被污染后带来的严重后果。(2) 分析近一周珠海空气质量日报。(3) 调查珠海市减少空气污染物的相关措施。(4) 调查人们的环保意识，协助社区垃圾分类，倡导居民低碳生活。	(1) 了解被污染的空气对天气、气候的影响，对人体健康的影响，对地球生态的影响。(2) 了解保护空气的措施有哪些。(3) 讨论保护环境中学生可以怎样从自己做起。	化学观念、科学思维、探究实践、科学态度与责任	能基于物质的性质和用途，从辩证的角度，调查减少空气污染物的措施，能意识到保护环境的重要性，并树立从自身做起的科学态度与责任，能形成学好化学解决实际问题的化学观念。
综合实践活动（二）自制供氧器	通过前面的学习，我们了解了氧气的用途和制取氧气的多种方法，同学们能不能根据所学知识，和同伴一起亲手制作一个供氧器呢？	确定任务，确定合作伙伴，进行任务分工；设计制氧方案，建构制氧器模型，积极进行实验探究；上交成品，展示交流，优化方案，完善作品，投入使用。	聚焦物质的变化与化学反应的学习主题，巩固氧气的实验室制法原理，建构元素观、守恒观、变化观等化学观念。	化学观念、科学思维、探究实践、科学态度与责任	激发学生学以致用的理念，巩固实验室制取气体的思路和方法，学会将物理化学知识融合解决问题的思路，培养敢于创新的科学态度。

（续上表）

教学反思

　　本单元通过系统设计单元教学目标，以单元为单位组织教学，有利于弄清单元目标与课时目标之间的层次关系，有利于系统地、有计划地反馈、调节教学过程，从单元整体上较好地落实知识的生成。学生在学习的过程中能够循序渐进，对一个单元的知识有系统的理解，知道本单元在化学教学中的地位以及与前后章节的衔接关系，提高灵活应用知识的能力。通过对科学家探究空气成分的实验分析，学生进行模拟实验，并改进实验，体验到了科学家敢于质疑、严肃认真的科学态度，初步学会了科学探究的方法；通过氧气的制取和性质等实验探究，学生了解了科学探究的过程，培养了设计实验方案、获取证据推理、得出结论及建构模型、反思评价和表达交流等能力，体会了小组合作与交流的重要意义，培养了批判能力和创新意识。通过纯净物和混合物、化合反应和分解反应等概念学习，让学生初步认识物质的多样性，学会对物质及其变化进行分类的方法；通过氧气的性质与氧气用途的学习，体会了性质与用途的辩证关系；通过催化剂和催化原理的学习，掌握了比较、控制变量等科学思维方式。

　　更重要的是，本单元各个主题中都蕴含了环境保护知识点，引导学生树立环保意识，提高环境保护的知识与技能，具体有以下几方面：

　　空气污染：介绍空气污染的来源，如工厂排放、汽车尾气、燃烧废弃物等，以及空气污染对人类和环境的影响，如影响呼吸健康、损害植物和生态系统等。可以让学生了解空气污染的严重性，并激发他们保护环境的意识。

　　空气质量监测：介绍空气质量监测的方法和意义，包括监测站的设置、空气质量指数的发布等。可以让学生了解政府在环境保护方面所做的努力，并让他们认识到监测空气质量的重要性。

　　减少空气污染的措施：介绍减少空气污染的措施，如使用公共交通工具、减少私家车出行、关闭废弃物焚烧场等。可以让学生了解自己在环境保护方面所能做的事情，并鼓励他们积极行动起来。

　　空气污染对气候变化的影响：介绍空气污染对气候变化的影响，如温室效应、极端天气事件等。可以让学生了解气候变化的严重性，并认识到保护环境对于减缓气候变化的重要性。

　　保护环境的意识教育：通过开展讨论、小组活动等形式，让学生深入了解环境保护的重要性，培养他们的环保意识，让他们在日常生活中养成环保的习惯。通过空气污染的调查等综合实践活动，认识了空气对人类生活的重要意义，形成保护环境的态度和健康的生活方式，树立学好化学造福人类的志向与责任担当。

　　不足之处：时间的分配还要更合理，前后知识的衔接不够自然，综合实践活动教师的指导不够到位，活动一的调查报告质量普遍不高；活动二自制制氧器上交的作品数目少，学生参与度不高。下一年要提前做好计划，指导落实到位，要注重培养小组长，提高他们的活动开展能力。

（三）课例三：开展初中化学二氧化碳和碳中和项目式学习研究

基于项目的科学教学能用来解答学生和教师对周围世界所产生的疑问，探究现实世界中学生觉得有意义的问题。二氧化碳是初中化学的核心知识，起着承上启下、贯穿整个元素化合物知识的作用。以二氧化碳为中心，构建知识网络，开展项目式教学，有利于培养学生解决问题的能力，帮助学生进行深度学习，激发学生对知识的探索、研究及理解，从而培养学生的问题解决能力和创新能力。

伴随全球经济高速发展，化石能源大量消耗，全球二氧化碳浓度迅速上升，导致全球生态系统碳循环严重失衡，进而引起全球变暖、冰川融化及海洋酸化等一系列环境生态问题，给人类可持续发展带来严重威胁。二氧化碳的捕获与高效转化利用，对化解全球环境生态危机与助力我国"碳达峰、碳中和"目标的实现具有重要意义。

进行基于主题式的学习，让学生掌握初中化学的基本知识。针对学生的实验兴趣，伴随教学内容的开展，引入项目式学习。项目式学习具有情境化的特点，给学生提供真实的问题和环境，拉近学习与生活的距离，激发学生的探究欲望。项目式学习以小组为单位进行，根据组员的能力和爱好进行合理分工，不同学生承担项目的不同部分，依托小组合作，完成项目。在这个过程中，学生在真实的环境中解决问题，还能习得跨学科性的知识，提高自主学习能力、科学探究能力和创造力。

进行基于主题式的学习，让学生掌握初中化学的基本知识。针对学生的实验兴趣，伴随教学内容的开展，引入项目式学习。项目式学习具有情景化的特点，给学生提供真实的问题和环境，拉近学习与生活的距离，激发学生的探究欲望。项目式学习以小组为单位进行，根据组员的能力和爱好进行合理分工，不同学生承担项目的不同部分，依托小组合作，完成项目。在这个过程中，学生在真实的环境中解决问题，还能习得跨学科性的知识，提高自主学习能力、科学探究能力和创造力。

结合初中学生的学习特点和思维发展特点，通过整合单元内容，提炼知识点，将知识学习赋予真实情境中，创设驱动性问题，学生拆解项目，小组合作完成项目任务，解决问题，在此过程中获得知识，体会合作与交流在科学探究中的重要作用，提升学生的科学探究能力，灵活应用跨学科知识解决复杂问题的能力，沟通协调能力等。实施项目式学习，力求挖掘学生最大学习潜能的同时，将单纯的知识点学习转化为任务驱动型学习，使学生能够将知识的学习和生活实际相联系，激发学生的内在学习动机，形成长久的学习动机。

当代中学生是将来社会主义的建设者和接班人，也是宣传环境保护和倡导低碳生活的生力军，更是 2030—2060 年的社会中坚力量。要对他们进行环保与低碳生活教育，先要让他们树立起科学的环保意识，逐步培养起健康文明的低碳生活方式，再让他们把科学的环保意识和健康文明低碳的生活理念像接力棒一样传递给身边的每一个人，以增强全民节约意识、环保意识、生态意识，营造爱护生态环境的良好风气。为我国二氧化碳排放力争于 2030 年前达到峰值，努力争取 2060 年前实现碳中和的目标做出贡献。

二氧化碳是初中化学元素化合物知识最核心的部分，二氧化碳也是与生活、生产息息相关的重要物质。"二氧化碳"是人教版《化学》第六单元"碳和碳的氧化物"部分的知识，而二氧化碳的知识与第七单元的"燃料及其利用"密切相关，与第十、十一单元"酸、碱、盐"的知识也联系密切，将"二氧化碳的性质和用途""产生二氧化碳的各种途径""二氧化碳对环境的影响""吸收二氧化碳的方法""节能减排和碳中和"等知识串连成线，进行项目式学习，有利于将零散的知识连线成网，提高学生的创新能力和解决问题的能力。

问题解决路径：了解二氧化碳的用途→探究二氧化碳的性质→掌握二氧化碳的制取方法→了解低碳行动的重要意义→探究降低二氧化碳含量的方法→设计低碳生活方式。

认知发展路径：学习二氧化碳的性质和用途，理解性质与用途的关系→由二氧化碳的产生、存在、转化，了解碳的循环，进一步树立化学元素观、变化观→经历科学探究的过程，学会探究实验的思路和方法→从二氧化碳与碱溶液反应时，量不同产物不同，引导学生从"质"和"量"两个视角体会化学方程式的内涵，认识到改变条件可以调控化学反应的进行。

【研究内容与阶段】

1. 第一阶段：二氧化碳的研究

2022 年 10 月，笔者将班级学生分为不同的小组，每个小组选择一种与二氧化碳相关的主题进行研究，如二氧化碳的产生、性质、对环境的影响等。学生通过在线资源、书籍、科学文章、调查实践等多种途径收集信息，了解二氧化碳的相关知识。学期末，各小组整理和总结他们的研究结果，制作一份关于二氧化碳的报告或展示，在班级进行分享和交流，课题组的教师担任评委，进行评比和奖励。

2. 第二阶段：碳中和的研究

学生根据第一阶段对二氧化碳的了解，进一步研究碳中和的概念和意义。了解如何通过植树、提升能源效率、利用可再生能源等多种方式实现碳中和。通过查阅资料，了解世界各国尤其是我国为实现"碳中和"所做出的努力。学生根据所学的知识，制订一个碳中和的行动计划。

在"碳中和"的学习阶段，课题组设计了调查问卷，向 3 所学校的初三学生和家长发放问卷，共进行两次调查。第一次调查于 2022 年 10 月进行，第二次调查于 2023 年的 5 月进行，并将 2 次调查结果进行详细对比和分析。

3. 第三阶段：项目实施和展示

学生根据制订的行动计划，实际参与到碳中和的活动中。例如，3 月组织了一次植树活动，4 月在学校开展"三节三爱"节能减排的宣传活动，部分学生在居住的小区开展垃圾分类和低碳生活的宣传活动，学生记录下项目实施的过程和结果，并向全班同学展示他们的成果。

【教学内容与实践】

为了让学生更好地掌握二氧化碳的相关知识，加深对"碳中和"的理解，课题组围绕课题开展了包括 10 个系列活动的教学课程和一个有关碳中和的单元练习设计。

1. 课程 1：（项目导引课）什么是"碳达峰""碳中和"（2022 年 9 月）

结合第一单元的课题 2"化学是一门以实验为基础的科学"的探究活动：对蜡烛及其燃烧的解析和对人体呼吸气体的探究，让学生从化学的角度认识到化石燃料燃烧和动植物的呼吸会产生 CO_2。紧接着带领学生认识碳中和，使学生意识到低碳生活的重要性，培养"节能减排从我做起"的主人翁意识。

2. 课程 2：质量守恒定律的应用——化说"碳中和"（2022 年 10 月）

引导学生从元素守恒及物质转化的角度入手，了解 CO_2 的处理方法。先进的化学方法可以将二氧化碳转化为淀粉等物质，"变废为宝"。

3. 课程 3：碳的历程——非凡碳家族（2022 年 11 月）

以碳材料发展史为切入点，从无定形碳到石墨、金刚石、C_{60}、石墨烯等，一一展开介绍，充分体现了化学与科技进展息息相关；并将碳单质与碳的氧化物结合在一起，为后续学习承上启下。进行炭黑制取的实验，让学生认识到燃料充分燃烧的重要性。

4. 课程 4：（项目探究课）CO_2 制取的研究（2022 年 11 月）

组织学生小组讨论：哪些反应或途径会生成 CO_2？这些反应是否适合实验

室制取 CO_2？实验中，观察 CO_2 的产生并尝试收集纯净的 CO_2，进一步归纳其生成途径。

5. 课程 5：化石燃料的使用与温室效应（2022 年 12 月）

带领学生了解了化石燃料的利用与温室效应的关系，加深理解节能减排和实现碳中和、寻找清洁能源的重要性和紧迫性，树立化学造福人类的思想。

6. 课程 6：二氧化碳的性质和用途（2022 年 12 月）

通过教学，使学生理解 CO_2 性质与用途的关系；追踪其产生、存在与转化，了解碳的循环，进一步树立化学元素观、变化观。了解 CO_2 对环境的影响，引导学生从 CO_2 的性质及用途角度来思考降低大气中 CO_2 含量的可能性，并探究其原理。

7. 课程 7：碳酸饮料中的二氧化碳（2023 年 3 月）

从压强、温度等角度出发，设计实验证明碳酸饮料中含有 CO_2，探究影响 CO_2 在水里溶解度的因素。通过猜想"水和澄清石灰水吸收 CO_2 的效果哪一个更好"组织学生设计实验进行验证。随后，从溶解度、温度、价格等多角度出发，对如何提高澄清石灰水的吸收效率进行探究，提升学生综合解决问题的能力。

8. 课程 8：二氧化碳与氢氧化钠溶液反应的探究（2023 年 3 月）

设计实验证明 CO_2 与氢氧化钠溶液发生了反应，让学生感受真实情境下（海洋、碱性溶液）吸收转化 CO_2 的过程。

9. 课程 9：碳循环与碳捕捉（2023 年 4 月）

归纳 CO_2 的化学性质，了解碳循环，找到能吸收二氧化碳的方法；通过阅读资料了解目前已有的碳捕获和碳封存技术，讨论收集利用并高效转化利用 CO_2 的方法。

10. 课程 10：碳中和，我们在行动（2023 年 4 月）

探寻设计低碳行动方案；组织学生查阅资料，了解我国及国际社会推动碳中和所采取的行动，引导学生从国家、企业、个人和国际层面归纳实现低碳的对策，讨论"实现碳中和，个人该怎么做？"的问题，让学生深刻体会到个人日常的低碳行为会给碳中和做出的巨大贡献，小组合作设计低碳生活方式。

在"碳达峰""碳中和"目标之下，"能耗指标"成为生活生产重要的抓手。为加深学生对低碳行动重要意义的进一步认识，课题组成员将"碳中和"的思想与练习题相结合，编写了以"碳中和"为主题的单元练习。目录如下：

（第 1 课时）非凡碳家族——形形色色的碳单质；

（第 2 课时）非凡碳家族——碳的氧化物；

（第 3 课时）非凡碳家族——碳酸盐；

（第 4 课时）非凡碳家族——含碳燃料；

（第 5 课时）碳的历程——碳中和。

【项目学习结论与思考】

项目式学习是一种以解决问题为导向、以学生为中心的学习方式，初中化学二氧化碳与碳中和项目式学习研究是一项具有挑战性和实践意义的研究课题，不仅能让学生理解和掌握二氧化碳和碳中和的相关知识，树立低碳生活的理念，还能让他们通过实践培养团队合作、批判性思维和解决问题的能力。两次问卷调查的统计结果表明，经过一年左右的项目式学习实践，学生完成任务的程度良好，即经过项目式学习，有 81.8% 的学生对"碳中和"概念从"不太了解""不了解"发展为"了解"。

该项目以碳元素在大气圈、岩石圈、水圈的循环为主要研究对象，探究二氧化碳的性质与转化，融合生物学、地理和物理等课程的相关内容，促进学生发展元素观、变化观等化学观念的生成，进一步建构"可持续发展""系统与模型"等跨学科大概念。

该项目使学生置身于真实情境中，引导学生在面对个人生活需要、国家发展、人类发展与低碳要求的两难问题时，发展科学、技术、工程融合解决实际问题的能力，形成国际化视野和构建人类命运共同体的意识，强化社会责任、国家认同和国际理解，促进知、情、意、行的统一。二氧化碳与碳中和的学习和探究有助于提高学生的环保意识和环保行动力；项目式学习的方法可以实现学生对二氧化碳和碳中和的深入理解，提高学生的创新和解决问题能力，有助于形成合作与交流的平等氛围，激发对化学学习的兴趣和热情。此外，也可以引导和培养学生践行可持续发展生活方式，推动社会朝着碳中和的目标前进，建设和保护好生态环境。

在实践过程中，课题组遇到了各种挑战和问题，例如实验设计不合理、数据采集不准确、结果分析不透彻等。为了解决这些挑战，教师不断提供了必要的指导和技术支持，引导学生逐步解决问题。同时，鼓励学生之间互相学习、交流经验，共同进步。以后，要针对学生的参与度、团队协作能力、实验操作能力、成果展示等方面加强对学习效果的评价。通过评价，可以发现教学中的优点和不足之处，为进一步改进教学方法提供依据。

第五节　进行安全教育，提升安全意识

在当今的复杂社会中，安全意识已成为每个人的基本素质。特别是在学校，学生们在接触化学实验和各种化学物质的过程中，实验的安全与环保是化学实验过程中必须关注的问题。学生应了解实验室的安全规定，掌握正确的应急处理方法，确保实验过程的顺利进行。同时，学生还应注意实验后的环境保护，做到绿色化学实验，减少对环境的影响。培养学生的安全意识和合理选用化学品的观念，提高应对意外伤害事故的意识，保护他们的身心健康。

一、初中化学课程中的安全教育内容

初中化学课程中涵盖了许多与安全相关的主题，例如实验室安全规范、化学品分类与储存、危险情况处理等。这些内容既包含了理论知识，也包含了实践操作，对于培养学生的安全意识和自我保护能力具有关键作用。

二、实施安全教育措施

为了有效进行安全教育，我们可以采取多种措施。一方面，定期开设专题讲座，让学生了解化学实验和化学品的基本安全知识。另一方面，组织实地考察，让学生在实际操作中掌握实验室安全规范和化学品分类与储存的技巧。此外，将所学知识灵活迁移到生活生产中，可以通过角色扮演、模拟演练等方式，让学生在实际场景中体验和学习如何应对危险情况。

三、培养学生安全意识及自我保护能力的具体做法

培养学生的安全意识及自我保护能力是初中化学教育中实施安全教育的核心目标。具体做法包括：一是让学生充分认识到化学实验和化学品潜在的安全风险；二是教导学生在遇到危险情况时保持冷静，不惊慌失措；三是训练学生如何在危险情况下进行自我保护；四是教育学生在遇到紧急情况时如何寻求帮助。

四、培养学生安全意识及自我保护能力的具体案例

1. 对于二氧化碳不能供给呼吸的安全教育

案例分析：通过多媒体设备，展示二氧化碳不能供给呼吸的科普视频和图片，介绍一些现实生活中发生的由于二氧化碳不能供给呼吸导致的事故案例，让学生了解二氧化碳含量高的危害和防范措施。

课堂讨论：在课堂上组织学生进行讨论，让他们思考如何在生活中避免二氧化碳浓度过高的情况发生，以及在遇到危险时如何自救或救助他人。

实验演示：将集满二氧化碳、空气和氧气的三个集气瓶用黑塑料袋盖住，成为三个"山洞"，让学生设计实验，探究哪个山洞不能进入。

安全总结：在进入地势较低的山洞、峡谷或久未开启的地窖等地时，一定要做"灯火实验"，防止因二氧化碳浓度过高导致事故。平时，教室要打开门窗，保持通风，课间多去户外活动，呼吸新鲜空气。

通过以上方法，可以有效地提高学生对二氧化碳不能供给呼吸的安全意识，保障他们的生命安全。

2. 预防一氧化碳中毒的安全教育

一氧化碳中毒是一种常见的安全事故，尤其在家庭、工业和交通等相关场景中。由于一氧化碳是一种无色、无味的有毒气体，人们常常对其缺乏警觉，导致中毒事件频发。在初中化学课程中，介绍一氧化碳中毒的预防措施显得尤为重要，这不仅能帮助学生了解化学知识，还能提高他们的安全意识。

新闻调查：打开浏览器，输入"一氧化碳"，就会看到很多由一氧化碳中毒导致的安全事故报道，这些资料让学生对于一氧化碳中毒的危害有了更深入的了解，认识到其严重性。

资料收集：一氧化碳中毒是如何产生的？在生产生活中如何预防一氧化碳中毒？

通过交流讨论，查阅资料，学生认识到木炭、液化气、天然气等含碳物质在氧气不足时燃烧就会产生一氧化碳。可以运用化学知识来调控化学反应。煤炉、炭火等取暖设备使用不当的情况下，煤炭烧尽时会产生一氧化碳，同时在使用这些设备时，要保持室内空气新鲜，经常通风换气。

课堂讨论：一氧化碳中毒的机理是什么？如何预防一氧化碳中毒？

通过讨论，得出结论，为了预防一氧化碳中毒，可以采取以下几种措施：

（1）尽量避免在密闭的空间内使用煤炉、炭火等取暖设备，如果必须使用，应确保设备完好，注意通风，保持空气流通。

（2）定期检查炉具，维护和清扫烟筒、排气扇，保持厨房通风。

（3）使用煤炉、炭火等取暖设备时，要远离易燃、易爆、易挥发的有毒物质，不要直接放在卧室。晚上睡觉前最好将炉具搬到屋外。

（4）在家中吃火锅时，最好不要使用煤、炭火锅，如果使用最好放在通风的大厅或保持门窗适时打开通风。

开展实践性活动：邀请医院或市应急办的专家来校指导，组织学生进行实践活动，如模拟一氧化碳中毒场景进行演练，让他们在实际操作中掌握应急处理的技巧。同时，也可以通过实践活动，让学生掌握正确的应急处理方法，如迅速撤离现场、拨打急救电话、正确抢救病人等，给学生上一堂生命教育课，让学生更加关爱生命，关注安全。

3. 火灾预防与逃生教育

随着城市化进程的加速和人们生活水平的提高，火灾事故的危害越来越受到人们的关注。初中化学课程中，火灾预防及逃生知识的普及对于保障学生的生命安全具有重要意义。通过学习，学生可以了解火灾发生的原因、危害和应对措施，学生需要掌握更多的火灾预防措施和逃生技巧，提高自身的安全意识和应对能力。

在学习《燃烧和灭火》时，我们再次对学生进行"如何预防火灾和火场逃生技巧"等生命教育。带领学生分析火灾产生的原因，当前火灾预防与逃生教育的现状。通过演示"面粉爆炸"等"触目惊心"的实验，让学生更深入地了解易燃易爆物的安全知识，并提高自我保护意识。同时，教师也借此机会向学生传授其他有关安全的知识，如正确使用电器、正确使用火源、正确处理化学品等，以及如何在火灾中保持冷静、选择合适逃生途径和正确使用灭火器具。这对于学生的安全教育和未来的生活都具有重要意义。

每一学年教学这部分知识时，我们化学科组都与学校德育部门沟通，结合学校的消防演习，设计模拟火场逃生等演练活动，在演练中，学生可以亲身体验火灾现场的应对措施和方法，在火灾中保持冷静的技巧，如避免恐慌、寻找安全出口、正确灭火等，提高自身的应变能力和安全意识。同时，教师也可以通过模拟演练活动，检验学生的掌握情况和不足之处，以便在后续教学中进行改进。

同时，我们也让学生和家长一起，设计"家庭预防火灾方案"或"居民区发生火灾的逃生措施"等，让学生认识小区的消防设施，设计家庭逃生路线，找到在家中被火围困时如何逃生的方法，让学生和家庭防患于未然，让学生更好地掌握火灾预防及逃生知识。

4. 浓酸、浓碱使用的安全教育

浓酸、浓碱是初中化学课程中重要的教学内容之一。它们具有强烈的腐蚀性和刺激性，能对人体和环境造成严重危害。因此，掌握浓酸、浓碱的安全使用方法和注意事项，对于保障学生人身安全和保护环境具有重要意义。

安全教育的目标是让学生了解浓酸、浓碱的危险性，掌握其安全使用方法，培养良好的安全意识，确保实验过程中的安全。通过实验演示让学生直观地了解浓酸、浓碱的危险性，如演示将浓酸滴入水中、将浓碱滴入醋中等实验，让学生感受酸碱的反应过程和结果，增强对酸碱性质的认识。通过分析真实的化学事故案例，让学生了解不当使用浓酸、浓碱带来的严重后果，引导学生反思并总结经验教训。通过让学生扮演使用浓酸、浓碱的操作员，亲身体验安全操作规程，加深对安全操作的理解和记忆。

通过安全教育，学生将深刻认识到安全使用浓酸、浓碱的重要性；通过课堂教学和实践活动，学生将了解化学废液对环境的危害和如何正确处理化学废液的方法，从而增强自己的规范意识、环保意识，增强自我保护意识，为今后的学习和实践打下坚实的基础。

对于初中化学教育中的安全教育实施效果，我们需要进行定期的评估和反思。可以通过观察学生在课堂上的表现、测试学生的安全知识掌握情况、评估学生在实验室中的操作规范等方式来进行成效评估。同时，也要反思教学方法、教学内容是否合理、是否符合学生的认知特点和学习进度。根据评估结果，我们可以对教学策略进行调整和优化。首先，要注重理论与实践相结合，增加更多的实际操作环节，让学生在实践中学习和掌握安全知识。其次，可以利用现代教学技术提升教学效果，如使用多媒体技术模拟危险情况的处理过程，使学生有更直观的学习体验。最后，可以邀请行业专家或安全工作者到学校举办讲座或进行指导，让学生接触到更真实、更具体的安全工作经验。帮助学生初步认识科学、技术、社会、环境的相互关系，树立人与自然和谐共生的科学自然观和绿色发展观。

总的来说，初中化学教育中进行安全教育具有极其重要的意义。它不仅有助于保障学生的生命安全和身心健康，还有助于提高他们的科学素养和安全意识。通过不断优化和拓展安全教育的内容和方式，我们可以更好地在初中化学教育中实施安全教育，培养出更具有社会责任感和创新精神的新一代公民。

第六节　进行爱国主义教育，培养责任担当

国无德不兴，人无德不立。"培养什么人"以及"怎样培养人"始终是教育的永恒主题和根本问题，党的十八大报告指出，要把立德树人作为教育的根本任务。教育的本质是育人，而不是教书。如果我们不走进学生的内心世界，我们不与学生的灵魂面对面，就无法给予学生最真实的教育。

一、初中化学立德树人的价值与途径

义务教育阶段的化学课程以习近平新时代中国特色社会主义思想为指导，全面贯彻党的教育方针，落实立德树人根本任务，培养有理想、有本领、有担当的时代新人。化学课程要立足学生的生活经验，反映人类探索物质世界的化学基本观念和规律，融入社会主义核心价值观的基本内容和要求，传承中华优秀传统文化；注重学生的自主发展、合作参与、创新实践，培养学生适应个人终身发展和社会发展所需要的必备品格、关键能力，引导学生形成正确的世界观、人生观和价值观，厚植爱国主义情怀，树立为实现中华民族伟大复兴和推动社会进步而奋斗的崇高追求。

初中化学课程作为自然科学的重要组成部分，对于培养学生的科学素养和道德品质具有重要意义。本节将从化学知识学习、科学精神培养、社会责任意识、环保与可持续发展、安全与健康理念、实践与创新思维、合作与交流能力等方面，探讨初中化学立德树人的价值与途径。

（一）化学知识学习

初中化学课程旨在让学生了解基本的化学概念、原理和实验技能，为后续的高中化学学习打下基础。通过化学知识的学习，学生可以了解化学在人类生产生活中的重要作用，认识化学与环境、能源、材料等领域的密切联系，提高对自然科学的认识和兴趣。同时，化学知识的学习也是培养学生理性思维、观察能力、分析问题和解决问题能力的重要途径。

（二）科学精神培养

化学是一门以实验为基础的学科，需要遵循严格的科学原则和方法。通过

化学实验的操作和观察，学生可以培养实事求是、严谨细致的科学态度，培养证据意识、质疑精神和创新思维。此外，化学中的探究式学习也能帮助学生树立问题意识，学会独立思考和合作，从而培养学生的科学精神。

（三）社会责任意识

化学知识与社会发展密切相关，学生通过了解化学在解决环境、能源等问题中的作用，可以增强社会责任感和环保意识。例如，通过学习化石燃料的使用和环境污染问题，学生可以认识到能源可持续发展的重要性；通过了解农药的使用和危害，学生可以关注食品安全和生态保护等社会问题。这些知识的学习可以帮助学生树立珍惜资源、保护环境、关爱社会的责任意识。

（四）环保与可持续发展

环保和可持续发展是当今社会的热点问题，化学课程可以结合这些话题引导学生关注生态环境和人类未来。通过学习绿色化学、循环利用等知识，学生可以了解化学在解决环境问题中的作用，激发热爱自然、关爱地球的情感。同时，也可以组织课外实践活动，如环保义务劳动、参观污水处理厂等，让学生在亲身参与中体会可持续发展的重要性。

（五）安全与健康理念

化学物质种类繁多，有些可能对人体产生危害。因此，树立学生的安全和健康理念在化学课程中至关重要。通过学习有害化学物质及其防治措施，学生可以了解如何避免危险和保护自己，提高安全意识。同时，还可以引导学生讨论如何在日常生活中关注健康，如合理饮食、适度运动等，培养学生健康生活的理念。

（六）实践与创新思维

化学是一门实践性很强的学科，学生在实验过程中可以锻炼实践能力和创新思维。通过设计实验方案、操作实验仪器、观察和分析实验现象等环节，学生可以培养观察力、操作能力和创新精神。此外，还可以引导学生反思实验中的问题，提出改进措施，激发学生的创新思维和批判性思维。

（七）合作与交流能力

化学实验往往需要团队合作和交流，这为培养学生的合作与交流能力提供了有利条件。在实验过程中，学生需要分工合作、互相配合，共同完成实验任务。同时，还需要与同学、老师进行交流沟通，讨论实验中的问题和方法。这些活动可以帮助学生学会倾听他人意见、表达自己的想法，培养团队合作和交流能力。

总之，初中化学课程作为自然科学的重要组成部分，具有立德树人的重要价值和作用。通过化学知识学习、科学精神培养、社会责任意识、环保与可持续发展、安全与健康理念、实践与创新思维、合作与交流能力等方面的教育与实践，可以培养学生的科学素养和道德品质，为他们的全面发展奠定坚实基础。

二、爱国主义教育，立德树人的根本

爱国主义，是激励中国人民为祖国兴旺发达、繁荣昌盛而奉献的精神火炬。爱国主义是学校教育体系中极其重要的组成部分，在培养学生家国情怀、激发学生爱国情感方面发挥着关键的作用。当今学生思维活跃，科技知识起点高，生活知识丰富，对未来有美好的憧憬。但与此同时，他们又存在明显的不足，由于优秀民族文化传承的薄弱，有的学生对西方文化不辨良莠，不识美丑，缺乏正确的文化判断力而照单全收。在科技飞速发展、经济与社会发展日新月异的现代社会，多元经济并存、多元文化碰撞、信息传媒普及会对他们产生正面的或者负面的影响。他们的思想、道德、情操、价值观，他们的兴趣、爱好、追求，他们的行为举止无不渗透着时代的气息。时代的特点既给教育带来有利的条件，又给教育带来严峻的挑战。如何让我们的教育进入学生的心灵世界，培养学生的爱国主义，培养学生正确的世界观、人生观和价值观，是我们必须重视并值得付出心血研究的问题。爱国主义教育不能只是空洞的说教，在新的形势下，我们要尊重学生的爱国热情，要抓住时机在学科教学中对学生进行深刻的爱国主义教育。

初中化学教学是化学教育的启蒙阶段。其目的之一就是"培养学生的科学态度，科学的学习方法，以及关心自然，关心社会的情感"和"对学生进行辩证唯物主义和热爱社会主义祖国的教育"。在当前大力发展素质教育，加强德、智、体、美、劳五育并举，培养创造意识、创造能力、创造人才的新形势下，加强对学生进行科学思想教育，显得尤为重要。这就要求我们化学教师在平时的化学教学中，充分发掘化学教材，对学生进行科学方法，科学态度和思想政治教育。

（一）制订方案

结合祖国的历史和今天的成就进行爱国主义教育，培养学生的民族自豪感与自尊心

（1）介绍我国古代化学成就，增强学生的爱国主义情感。

我国有悠久的历史，灿烂的文化。我国古代的三大化学工艺如造纸、制火药、烧瓷器对世界文明做出了巨大贡献；商代制作出了精美的"司母戊"大方鼎，春秋战国时期就能冶铁和炼钢，结束了人类的石器时代，推动了人类历史的发展；世界上最早对天然气进行开发和利用；夏代的酿酒工艺和宋朝湿法炼铜技术的应用，这些无不能激发学生的爱国主义热情。通过我国古代科学家的化学成就介绍，增强学生的民族自尊心和自豪感。

（2）介绍近现代化学成就，激励学生的爱国主义热情。

结合教材内容介绍我国近现代化学成就，进一步激励学生的爱国主义热情。如新中国成立以来，我国已发现并开发了大庆、胜利、大港等油田，结束了我国依赖"洋油"的历史。新材料科学的发展催生了新的资源研究，如聚硅氧烷的应用。结合教材彩图的教学，介绍聚硅氧烷在航天工业上的用途，介绍我国科学家研制出的 C_{60} 分子、石墨烯等高端材料，以及结晶胰岛素的发现，遗传工程中遗传密码的破译，将二氧化碳变废为宝加工成淀粉等伟大发明等，激励学生的爱国热情，鼓励他们为了祖国的美好明天而努力学好化学。

（3）利用教材对学生进行辩证唯物主义教育。

利用教材对学生进行辩证唯物主义教育，是各门学科共同担负的科学目的之一。化学是研究物质的结构、组成、性质以及变化规律的基础自然科学，本身就包含着许多辩证唯物主义思想。教学时，应结合内容，利用教材对学生进行辩证唯物主义教育。

首先，世界是物质的。辩证唯物主义认为，我们生活的客观世界是物质的。大到日月星辰，小到分子，原子都是物质的，是不以人们的意志为转移的，是不可消灭的。结合教育使学生树立物质第一，意识第二的唯物辩证法的思想。

其次，世界是运动的。辩证唯物主义认为，物质世界是由分子、原子、离子构成的，而且是不断地运动着的。通过化学变化的现象及本质的认识，通过化学变化及其条件研究使学生认识到客观事物处于相对运动中，又是不断变化的。用客观、微观相结合，动与静相结合，质与量相结合，树立学生运动的思想。

再次，量变和质变；内因和外因观点。辩证唯物主义认为客观事物处于永恒变化中，而且变化是有条件的。只有当量变积累到一定程度时才能引起质的变化。而且外因是变化的条件，内因是变化的根据，外因只有通过内因才能起作用。结合化学变化的条件研究，催化剂的对比实验教学，燃烧和缓慢氧化的学习；还可以结合一氧化碳和二氧化碳的性质比较教育，由分子结构上所含氧原子的差异，致使他们性质大不相同。在传授化学基础知识的同时，对学生进行辩证唯物主义教育。

最后，对立和统一的观念。辩证唯物主义认为客观事物既是对立的又是统一的，是矛盾的统一体。通过介绍物质的纯净与不纯净，原子的可分性与不可分性的认识，溶质溶剂的相对性，化合与分解，氧化与还原，如何防火灭火，污染与防治，开发与利用资源，培养学生相对与绝对的辩证统一意识，辩证地思考问题。

（4）从多种角度培养学生的科学态度。

现代教育学认为，非智力因素对学生的学习成长起着非常重要的作用，有时甚至是决定性的作用。因此，化学教学中应全方位多角度地培养学生的兴趣，爱好，意志和科学态度，形成良好的道德品质。

结合介绍空气的发现史，分子、原子的发现史，元素的发现史和物质质量守恒定律的发现史，让学生知道对待任何事物都必须有实事求是的严肃认真的科学态度。介绍著名化学家居里夫人发现镭的艰辛故事、侯德榜的生平事迹，培养学生的科学态度和良好的道德品质，学习科学家们吃苦耐劳，顽强拼搏的敬业精神。介绍我国原子弹，氢弹的研制成功，人造卫星的成功发射和准确回收，以及我国"神舟"号火箭的载人技术的研制成功，无不凝结着科学家们共同努力奋斗的艰辛，学习科学家们团结协作，自力更生的精神。

加强化学实验教学。在实验教学方面，化学有得天独厚的学科条件。化学教师应努力创造化学实验的机会，或演示，或分组，或布置家庭小实验，或演示下放分组或补充趣味实验。无论哪种形式的实验教学，教师都应严格实验规范操作，以培养学生良好品德品质。对于失败的或效果不明显的都应重做，以教师自身的科学态度教育学生，培养学生一丝不苟的科学态度。

扩展实验，培养学生创造能力和创新精神。现代教育心理学认为创造意识是创造思维的前提，创造思想是创造能力的核心，而创造能力是人一切能力中最重要的能力。化学教学应充分扩展实验，培养学生的创造能力和创新精神。如通过演示实验下放分组实验、补充实验、家庭小实验等增加学生动手实验的机会，培养学生的实验能力。

（二）实施的案例

（1）在学习《原子的结构》这部分知识时，让学生观看我国第一颗原子弹研制成功的视频，和部分相关影视作品的片段，让学生了解中国在核武器领域的发展历程，以及科学家们为壮大国防力量做出的巨大努力和牺牲。激发学生的爱国情感和民族自豪感，也可以培养学生的国家意识和责任感。此外，还可以引导学生学习科学家的创新精神和奉献精神，鼓励他们为祖国的繁荣富强而努力学习。

（2）在学习《元素》单元时，为帮助学生建立科学的物质观、元素观，生成对物质的宏观组成和微观结构统一认识的初步的辩证唯物主义观，我结合教参和自己涉猎的哲学基础知识，从古代的唯物论引入元素概念，让学生明白科学史上的任何一个发现经历都是一个复杂的过程，科学的未知需要我们勇于探索。我根据学生的思想实际、知识水平和年龄特点，从中国的五行学说引入元素这一名词，由梨子、苹果、西瓜、柿子等总称水果，白菜、冬瓜、菠菜、芹菜等总称蔬菜，体会元素是抽象的宏观概念。汉语的博大使我们的理解可以简单形象，激发学生对我国传统文化的热爱，激发他们学习化学的兴趣、积极性，从而激励他们学好化学，为我国能进一步开发、利用现有化学资源做出更大的贡献。

（3）在学习《水的净化》单元时，我由工业中的过滤、吸附等操作延伸到实验室的过滤、吸附实验，再到讲解生活中用到的过滤、吸附原理，让学生认识到化学与生活密切相关，激发学生的学习兴趣。通过带领学生参观自来水厂复杂的净水工序，让学生感受水的净化不容易，树立珍惜水、爱护水的思想。通过珠海前山河的今昔对比，让学生认识到污染一条河流只需几个小时甚至几分钟，但要治理好一条被污染的河流，需要几年甚至几十年上百年的时间。

通过这节课，让"绿水青山就是金山银山"的观念在学生的脑海里扎根。

（4）在《利用化学方程式的简单计算》的教学中，我以我国的新能源汽车引出课题，学生通过氢能源汽车的相关研究进入氢气燃烧产生水的化学反应中，通过有趣视频的引入让学生从简单的化学方程式计算出水的质量；主要向学生展示氢气燃烧热值高，产物无污染，基于目前我国急需燃料转型、节约化石燃料、开发新型燃料，而氢燃料正是其中一种正在研究的新能源，从新能源的角度激发学生的爱国主义热情，让学生感受国家科技的日益发展与进步，培养学生的民族自豪感，立志为保护祖国环境，为节约化石燃料，开发新能源而努力学好化学。

（5）在《二氧化碳的性质》的教学中，我利用化学实验帮助学生形成自然科学的方法论。把二氧化碳与水反应的演示实验设计成探究实验，通过"提出问题—作出猜想—设计实验—进行实验—得出结论"的过程，使学生掌握科学探究的方法。结合知识学习培养学生辩证唯物主义观点。结合本节教材和学生实际，将智育与德育有机结合起来，在教学过程中有意识、有计划地以化学知识为载体，自然地渗透辩证唯物主义的基本观点，如讲二氧化碳的用途时，结合"性质决定用途"的原理，培养学生的辩证唯物主义思想，通过对比二氧化碳的"利与弊"让学生学会一分为二地认识事物。

（6）进行《燃料的利用和开发》的教学时，我让学生通过实验体会化学反应中的能量变化，体会通过化学反应实现能量转化的重要性。通过化石燃料的综合利用和开发学习，认识到化石能源是人类重要的自然资源，对人类生活起着重要作用，树立环保意识，通过我国古代对化石燃料的利用，进行爱国主义教育。结合我国能源利用现状，激发他们学习化学的兴趣、积极性，从而激励他们学好化学，为我国能进一步开发、利用现有化学资源，增强国力，把我们的国家建设成美丽富强的现代化国家而做出更大的贡献。通过对化石燃料的使用年限的估算，认识到合理开发和利用的重要性。通过我国可燃冰的开发技术介绍，在世界范围内领先，激发学生的爱国热情。

（7）举办初三年级"爱祖国爱化学"趣味知识竞赛。

为了以化学为载体，对学生进行爱国主义教育，我校每学年都举行主题为"爱祖国爱化学"的趣味知识竞赛。每次比赛，无论是参赛队名还是题目的设计以及竞赛的方式，我们都紧紧围绕"爱祖国爱化学"这个主题，力求通过活动立德树人。例如：初三6班的"我和我的祖国，一刻也不能分割的碳氢碘钠（China）队"，10班"敢于担当、强我国防的三金战队"等。题目设计从"世界之化学"到"我国之化学"；从古代四大发明到如今的纳米材料和3D打印等；从制碱先驱侯德榜到诺贝尔奖获得者屠呦呦；大到天体，小到生活中的肥皂。让学生对我国化学工业的发展历史有了进一步的了解，增强了学生对祖国的热爱，增强了学生报效祖国的热忱。试题又和生活息息相关，激发了学生学习化学的兴趣、爱好和创造精神。通过这样的知识竞赛，让学生深刻体会到生活处处皆化学！通过这些活动，让同学们将知识竞赛的热情转化为学习的动力，学好化学，报效祖国。

星星之火，可以燎原。只要教师紧紧地把握学科的特点，以知识开路，就可以使化学教学与辩证唯物主义教育、爱国主义教育有机结合、自然渗透，那么我们的学生就能逐步树立起正确的人生观、价值观并形成健全的人格，树立远大的理想，增强爱国主义情感。

第五章　尊重学生差异，注重因材施教

世界上没有完全相同的两片叶子，人就更不一样了，不同的遗传基因，不同的家庭环境，造就了不同的认知特征，不同的兴趣爱好，不同的价值取向，不同的创造潜能的个性独特的学生，因此，教育要考虑学生的个性差异，教育的方式不能干篇一律，教师要充分尊重学生的个性差异，需要因材施教。在每一堂课上，要做到让每个层次的学生都能学有所获。

第一节　实施个性化教学，提高课堂的温度和效率

个性化教学与小组合作互助，是促进学生学习效果提升的两大关键。教师要根据每个学生的特点和需求进行因材施教。在课堂教学中，教师应该根据学生的能力、兴趣和特点，采用不同的教学方法和手段，以满足不同学生的需求。小组合作互助是一种有效的教学方式，可以帮助学生互相学习、互相帮助，提高学习效果。在小组合作中，学生可以通过讨论、交流、合作等方式，共同解决问题，培养合作精神和团队意识。同时，小组合作还可以促进学生的互动和交流，帮助他们更好地理解和掌握知识。

一、关注差异，因材施教

教师每天面对着上百名学生。尽管同在一所学校、一个班级，但由于遗传基因、家庭情况、周围环境等种种不同，他们的思想、性格、习惯、学习基础、接受能力有明显的差别。因此，教育要针对不同的学生采取不同的方式。早在两千多年前孔子就强调"因材施教"，强调教学生要"观其所以"，观察学生的日常言行；"观其所由"，观察学生所走的道路；"退而省其私"，观察学生私下的言行，目的在摸清学生的志趣、才能、特长。今日的教育重视学生

有个性地发展，就是让性格不尽相同、志趣迥然的学生都能受到保护，都能健康发展。因此，教师在教育教学过程中，胸中不仅要有班级的全局，而且要有一个个学生鲜活的个性。我们的教育教学长期以来局限于"一刀切"，用一个标准要求所有学生。其实，寸有所长，尺有所短。教育对象是没有选择性的，成长有先后，进步也有快慢，我们只有真诚地关心每一位学生，满腔热情地对待每一位学生，才能有效促使每一位学生健康成长。

为了满足不同学生的学习需求和特点，充分发挥个体潜能，提高学习效果和学习兴趣，我在备课时制订个性化教学教案。根据学生的个体差异和教学目标，选择适合的教学策略和方法，如不同的教学资源、不同的作业任务、小组合作学习、个别辅导等。

每年带初三，接手新的班级，我在开学前就会收集学生的信息，分析学生的个体差异，了解学生的学习能力、学习习惯、学习基础等。一开学，我就找那些学习基础较差、信心不足的孩子谈心，告诉他们，化学大家在同一起跑线，鼓励他们学好化学，再带动各科的学习。

教了二十多年初三，我对教材非常熟悉，上课完全不用看课本，但我每天都会花很长的时间备课。备课的核心任务是"备学生"，我要根据学生的差异设计不同层次的问题，甚至每个问题由哪位同学回答，我都要进行设计，这样一来，每两周，每个学生就有一次被提问的机会。因为问题的设计有梯度，绝大多数孩子都能回答出来，即使答不出来，我也从不指责，引导学生慢慢给出答案，并用不同的评价方式，及时给予鼓励和表扬。针对学生的学习风格不同，有些学生喜欢表达，有些学生喜欢实验，我通过不同的教学方式来满足不同学生的学习风格，设计丰富的教学活动和评价方式，以激发学生的学习兴趣和动力。同时，耐心细致地做学生的思想工作，当学生有困难时，热心帮助他们；当学生有畏难情绪时，及时鼓励他们，坚持做学生成长路上的引路人、守护者。

由于个性化教学要面向全体学生，我每节课都要细化教学设计，需要详细考虑教学内容、教学活动和时间分配等方面的问题，并且要根据学生的学习状态，及时调整教学策略，使得教学过程更加合理，确保教学效果。我经常开展"小教师执教""小组 PK""做游戏""小组合作"等特色教学，如在进行"碳和碳的氧化物"单元复习时，我用本单元所接触的所有物质设计了一副扑克牌，让学生分组进行"猜牌"比赛，在激烈的比赛氛围中，学生牢牢掌握了本单元所学物质的性质和用途。在进行第十、十一单元"酸、碱、盐"知识的复习时，我以小组为单位，先用20分钟开展构建思维导图比赛，要求每个学生都要完成一定的任务。接着进行小组展示和评比，最后，发挥全班同学的聪明才智，将他们最害怕的酸、碱、盐错综复杂的知识梳理为"5、4、4、8、8、11"（酸的通性5条，碱的通性4条，盐的化学性质4条，8类常见反应，8大沉淀，11组不能共存离子组）七个数字，极大地克服了学生的畏难情绪，提高了学习兴趣，学会了如何灵活应用所学知识。我的课堂氛围轻松愉快，学生兴趣浓厚，学习效果好。

因人而异的个性化教学，极大提高了学生学习化学的热情，我接手的初三班级里总有几个化学基础较差的学生，最后他们每次课堂测验都能在90分以上，这样的成就感提高了他们整体的学习兴趣，总成绩也在不断进步。例如，去年我班有个张同学，初二期末考在班里倒数，上高中希望渺茫。但进入初三后，他喜欢上了化学，期中考试，化学考了91分，我在班级和家长会上都给予他高度表扬，并鼓励他再接再厉，全面提高。接下来的时间，张同学越来越努力，越学越有劲，中考后他被珠海排名第六的高中录取。进入高中后，我不断接到他的好消息：月考化学年级第三，被选拔进入学校的化学竞赛班，期中考化学年级第一等。我在为他感到由衷的高兴时，再一次感受到了尊重学生差异的个性化教学的魅力。

二、小组合作，互相促进

现代教育理念和社会发展要求我们不放弃任何一个学生，要求我们的教育注重培养和调动学生在学习过程中的自主意识，充分发挥每个学生在发展上的潜能和优势，以形成各个学生的最佳素质结构。但由于每个班级人数较多，教师要想关注到每个学生，非常困难。在初中化学教学中实行小组合作，生生相教的方式，可以帮助学生更好地理解和掌握化学知识，通过小组合作，学生可以在轻松愉快的学习环境中掌握知识，同时也可以提高他们的合作能力和自主学习能力。

在学生小组合作学习中，用心润泽心灵，不仅是一种教育理念，更是一种教育实践。它强调的是在合作学习过程中，教师要以关怀、理解、尊重和激励的方式，关注学生的情感、态度和价值观，帮助他们建立自信、发挥潜能，实现共同成长。我在开展以下内容教学时经常采取小组合作的方式，如学生实验，复习课构建思维导图，化学计算，习题讲评，试卷评讲、项目式学习、跨学科实践等，因材施教和小组合作相辅相成、相互促进，经常取得了事半功倍的效果。

(一) 营造积极、和谐、民主的学习氛围

这种氛围的特点是开放包容、鼓励创新、共同成长。教师可以通过以下方式营造积极的学习氛围:

(1) 提供一个安全、舒适的学习环境,让学生感到被接纳、被包容,减少学习压力和焦虑感。教师应善于倾听学生的心声,为他们提供个性化的指导和支持。

(2) 根据学生的学习基础和性格特点,精心分组,引导学生建立积极的团队氛围,鼓励成员之间互相支持、互相帮助,建立互信关系。

(3) 提供清晰的学习目标和任务,让学生明确学习内容和要求。提供必要的学习资源和指导,例如学习资料、示范、讲解等,帮助学生掌握知识和技能。

(4) 鼓励学生表达自己的观点和想法,不轻易否定他们的观点,尊重他们的独特性。关注学生的情感变化,及时发现和解决他们的情感问题,帮助他们建立积极的心态和情绪。

(5) 促进课堂互动,鼓励学生提问、讨论和分享,激发他们的学习热情和创造力。

(6) 引导学生开展探究式学习、项目式学习等多样化的学习方式,提高他们的学习能力和创新意识。

(7) 鼓励自主学习,小组合作学习并不意味着完全依赖团队。相反,应该鼓励学生进行自主学习,这样可以增强他们的责任感和主动性。在团队中,每个人都应该有自己的任务和角色,这样可以增强他们的投入感和归属感。

(二) 如何开展小组合作学习

(1) 合理分组:教师需要根据学生的化学基础、学习能力和性格特点等方面进行综合考虑,按照"组内异质,组间同质"的原则,将学生分成若干个小组。每个小组内的学生都有不同层次和特点,这样可以使他们在合作中互相学习和互相促进。

(2) 明确任务:为了使小组合作更加有效,教师需要明确每个小组的任务和目标。这些任务应该具有一定的挑战性和可操作性,并且与学生的学习目标和教学内容紧密相关。学生可以在小组内分工合作,共同完成任务。

(3) 小组讨论:小组讨论是小组合作学习的重要环节。在讨论中,学生可以发表自己的观点和想法,通过互相交流和讨论,找到解决问题的方法。教师需要鼓励学生积极参与讨论,同时也要及时给予指导和帮助。

（4）展示交流：小组合作学习的成果需要得到展示和交流。教师可以安排每个小组轮流展示他们的学习成果，其他小组可以提出问题和建议。通过这种方式，可以使学生更好地理解和掌握化学知识，同时也可以提高他们的表达能力和合作能力。

（5）评价反思：评价和反思是小组合作学习的重要组成部分。教师需要制订合理的评价标准，对学生的学习成果进行评价和反馈。同时，学生也需要对自己的学习过程进行反思和总结，找到自己的不足之处，并制订下一步的学习计划。

小组合作、生生相教的方式是一种非常有效的初中化学教学方式。通过小组合作，可以提高学生的自主学习能力和合作能力，提高教学质量和效果。

（三）具体形式

小组合作是初中化学教学一种非常有效的教学方法。具体可以实施在化学实验设计、物质性质研究、环保实践、化学游戏设计、工业流程优化、生活化学探索、趣味化学表演和化学影像创作等方面。

1. 化学实验设计

在化学实验设计中，学生可以设计一些简单的实验，探究化学反应的现象和规律。例如，学生可以设计实验探究不同金属与酸反应的速率，观察反应现象并记录数据。通过小组合作，学生可以共同制订实验方案、准备实验器材和进行实验操作，最终得出结论并提出建议。这样的教学方式可以提高学生的实践能力和创新意识。

2. 物质性质研究

在物质性质研究中，学生可以选择一种或多种物质，探究它们的物理和化学性质。例如，学生可以选取不同浓度的盐酸溶液，探究浓度对化学反应速率的影响。通过小组合作，学生可以共同设计实验方案、进行实验操作和记录实验结果，最终分析得出结论。这样的教学方式可以帮助学生深入理解化学知识，提高他们的实验操作能力和观察能力。

3. 项目式学习

在环保实践中，学生可以针对周边环境存在的问题，制订相应的解决方案。例如，针对浪费水的问题，学生可以设计一款化学试剂来检测水的硬度，并通过宣传教育来减少水资源的浪费。通过小组合作，学生可以共同制订实践方案、进行实践活动和总结实践经验，最终提出解决方案和建议。这样的教学方式可以提高学生的环保意识和实践能力，同时可以促进他们的团队合作和交流能力。

4. 化学游戏设计

在化学游戏设计中，学生可以设计一些有趣的化学游戏，让其他学生参与其中，轻松愉快地掌握化学知识。例如，学生可以设计一个"化学拼图"游戏，让其他学生根据拼图线索来猜测物质的结构和性质。通过小组合作，学生可以共同设计游戏方案、制作游戏道具和推广游戏活动，最终与其他学生分享自己的成果。这样的教学方式可以增强学生的创造力和团队合作精神，同时也可以提高他们对化学知识的兴趣。

5. 跨学科实践探索

在生活中，有许多与化学相关的现象和问题。在生活化学探索中，学生可以从生活中发现问题，并探究解决方案。例如，学生可以选取生活中的一些日用品，探究它们的化学成分和作用。通过小组合作，学生可以共同寻找生活中的化学问题、设计实验方案、进行实验操作并得出结论。这样的教学方式可以帮助学生更好地理解化学知识在生活中的重要性，提高他们的解决实际问题的能力和创新思维。

6. 趣味化学表演

趣味化学表演是将化学知识通过有趣的方式展示给观众的一种方法。在趣味化学表演中，学生可以选择一些有趣的化学实验，以表演的形式展示给其他学生或教师观看。通过小组合作，学生可以共同策划表演方案、准备实验器材和进行表演操作，最终以有趣的形式展示自己的成果。这样的教学方式可以增强学生对化学知识的兴趣和爱好，同时也可以提高他们的团队合作能力和表现能力。

7. 化学多媒体作品创作

学生可以选择一些化学知识点，以视频的形式展示它们的原理和应用。通过小组合作，学生可以共同策划视频方案、准备拍摄器材和进行视频制作，最终完成一部生动有趣的化学影像作品。这样的教学方式可以帮助学生更好地理解化学知识，同时也可以提高他们的创新能力和视频制作能力。例如，带领学生参观完自来水厂后，可以以小组为单位制作自来水厂净水流程的视频等。

8. 其他情况

在进行复习课构建思维导图、化学计算、习题讲评、试卷评讲的时候，也可以通过小组合作来实现师生之间、生生之间的精准帮扶，帮助更多基础稍差一点的学生解决问题，提高课堂效率。

关注差异，因材施教，小组合作，互帮互助，真正体现了以人为本、以学生的发展为本的原则，为实现全体学生的全面发展与终身发展奠定了基础，全面育人，是时代发展的要求，也是当代教育实现可持续发展的必然选择。

第二节　尊重学生个体差异，树立科学的评价观

评价是教学系统不可或缺的重要组成部分，它的主要功能是诊断学习效果、改进教学，促进课程目标的落实。考试评价是教育教学的指挥棒，它直接决定教师学科教学的方向和内容。考什么评什么就教什么，这是教师最现实也是最无奈的选择。考试评价改革是让核心素养落地的最直接、最重要的保障。只有树立科学的评价观，坚持核心素养导向的评价，加强过程性评价，改进终结性评价，深化综合评价和探索增值评价，促进学生全面而富有个性地发展，学科核心素养才能真正落地。

一、加强日常学习的表现性评价

全面、客观地评价学生的化学观念、科学思维、科学探究与实践、科学态度与责任等核心素养培养目标的达成情况，注重"教—学—评"一体化，即目标、教学、评价的一致性。它回答的是最本源的问题：为什么学、学什么、怎么学、学到什么程度，而这四大本源问题反而是教学设计的基本载体，是"回归本质"和"规范（教学行为）"，倡导基于证据诊断发展学生的核心素养，重视学科和跨学科实践活动的评价。

通俗地说，所谓表现，指的是学生把自己的想法、感受、态度等内在素养通过体态、动作、图画、语言、符号等媒介表达出来，它可以是学习过程中的表现，也可以是呈现出来的结果。而表现性评价就是指通过观察学生在完成实际任务时的表现来评价学生已经取得的发展成就。表现性评价不仅能够评价学生"知道什么"，还能评价学生"能做什么"；不仅能够评价学生行为表现的"结果"，还能评价学生行为表现的"过程"；不仅能够评价学生在课堂中的表现，还能评价学生在模拟真实或完全真实的情境下的表现。表现性评价体现了新的评价理念，它重视过程性评价与非学业成就评价，能够弥补纸笔测试存在的"纸上做实验""岸上考游泳"的不足。

有效实施表现性评价，关键在于设计科学合理的表现性任务。因此，能否设计出适当的表现性任务是保证表现性评价的信度和效度的基本前提。对初中化学学科具体而言，表现性评价主要有以下方式。

1. 科学知识的掌握与应用的评价

初中化学教学应注重科学知识的传授，并强调学生对这些知识的理解和应用，特别是在实际问题中的应用。评价方式可以是问题解决题、实验设计、实时问题解决等，以检验学生对化学知识的理解和应用能力。

2. 科学方法与技能掌握的评价

化学教学应教授学生科学的研究方法，如观察、实验、数据分析、科学推理等。评价中，可以考查学生的实验设计、实验操作、数据分析等实践能力。

3. 科学态度与社会责任感的评价

化学学科核心素养还强调学生的科学态度和社会责任感。通过组织学生参与社会公益活动，比如环保行动或科普讲座等，可以评价学生的社会责任感和科学态度。

4. 创新能力与问题解决能力的评价

化学教学应鼓励学生创新和独立思考，评价中可以考查学生的创新能力、问题解决能力，例如实验设计、新概念或新方法的提出等。

5. 学习过程自我监控能力的评价

学生应该能够自我监控自己的学习过程，及时发现自己的不足并改进。这可以通过教师评价、学生自评、小组互评等方式实现。

二、重视成长记录评价

在初中化学教学中，学生的成长记录评价也是重要的环节。也有人将"成长记录"称作"成长记录袋""档案袋"或"学习档案录"。成长记录是根据教育教学目标，有意识地将学生的相关作品及其他有关证据收集起来，通过合理的分析与解释，展现学生在学习与发展过程中的优势与不足，反映学生在达到目标过程中付出的努力与进步，并激励学生通过自我反思取得更高的成就。它可以记录以下内容。

1. 课堂表现

学生在课堂上的表现是评价其学习状态的重要依据。我们应注意观察学生是否集中注意力听讲，是否积极参与课堂讨论，以及是否主动回答问题等。通过这些细节，我们可以了解学生对课堂内容的掌握情况，进而调整教学策略，为促进深度学习，我设计了听讲品质观察量表和课堂成果观察量表。

表 5 - 1　听讲品质观察量表

	观察项目	A	B	C	D
专注听讲	1. 是否集中精力				
	2. 是否眼随心动				
	3. 是否积极回答				
	4. 是否会做笔记				
	5. 是否发现问题				
	6. 是否提出不同意见				

表 5 - 2　课堂成果观察量表

	观察项目	A	B	C	D
课堂成果	1. 是否掌握知识内涵外延形成体系				
	2. 是否掌握了基本技能				
	3. 是否用了已有的思维模型策略				
	4. 是否掌握了新学习的思维模型方法和策略				
	5. 是否有更强的求知欲和学习动力				
	6. 是否培养了社会意识并更具有社会责任感				
	7. 是否培养了爱国情操				

2. 作业完成情况

学生完成作业的情况能反映他们的学习态度和自主学习的能力。我们应关注并记录学生是否按时交作业，是否能够独立完成作业，以及他们对待作业的态度等。这些信息有助于我们评估学生的学习习惯和效果，从而给予有针对性的指导。为优化作业设计，促进深度学习，我设计了如下作业评价考核表。

表5-3 作业评价考核表

评价内容	评价要求	所占分值	所带班级	学生姓名
作业布置	数量符合要求	10分		
	难易比例合理	10分		
	体现分层设计	10分		
	巩固性、扩展性、研究性	5分		
	作业形式多样	5分		
作业管理	学生能按时独立完成	20分		
	分能及时订正	10分		
	注意学习习惯的培养	10分		
作业批改	及时全批全改	10分		
	评语体现鼓励性、针对性	5分		
	培优补差，面批面改	5分		
合计		100分		

3. 单元测试成绩

单元测试成绩能直接反映学生对所学内容的掌握程度。通过关注学生的测试成绩，我们可以了解学生对单元知识的理解和应用情况。同时，我们还应关注学生的测试态度，如是否认真审题、是否能够独立思考、是否善于利用所学知识解决问题等。

4. 参加化学活动的表现

学生参加化学活动的表现是他们学习兴趣和团队协作能力的体现。我们应关注学生在活动中的参与情况，如是否积极投入、是否能够与团队成员合作完成任务、是否对化学活动提出有益的建议等。这些信息有助于我们了解学生的个性特点和发展潜力。

5. 学习态度和习惯

学生的学习态度和习惯对其学习效果有着深远影响。我们应关注学生是否热爱学习化学，是否能够主动参与课堂讨论，是否能够独立思考并主动寻求解决问题的方法等。良好的学习态度和习惯是学生取得优异成绩的重要保障，也是他们未来发展的关键因素。

6. 团队合作能力

团队合作能力是现代社会中不可或缺的能力之一。我们应关注学生在小组合作中扮演的角色，如是否能积极参与小组讨论，是否能有效地与团队成员进行沟通协作，是否能共同完成任务等。这有助于我们了解学生的合作精神和社交能力，从而为他们提供更好的支持和指导。

我们可以给每个学生建立一个成长记录袋，收集学生在学习过程中的各种作品（如小测单、作业、作品设计方案、实验操作照片、创意作品、单元诊断试卷、思维导图设计、表演照片或录像等），用以描述学生的学习过程和结果，展现学生的努力、成就和进步。

总的来说，初中化学重视学生成长记录评价旨在全面了解学生的学习状态和发展需求。通过关注学生在课堂表现、作业完成情况、单元测试成绩、参加化学活动的表现、学习态度和习惯以及团队合作能力等方面的表现，我们可以为他们提供更加精准的教学支持和指导，帮助他们更好地发展化学学科素养和综合能力。

三、可见的教学目标

表 5-4 可见教学目标路径、内涵、指标示例

路径	内涵	指标
怎么教	可见的教	明确手段：运用观察、实验、调查等手段获取化学事实。 明确方式：定性—定量、孤立—系统、静态—动态、宏观—微观等认识角度。 明确方法：比较、分类、分析、综合、归纳等方法。 明确视角：物质、能量、反应等认识角度。
怎么学	可见的学	明晰行为表现：从学习理解、应用实践、迁移创新三个维度明晰行为表现，如用记忆、概括、说明、理解、分析、预测、设计、推理等有关行为动词。
怎么评	可见的评	评价知识的达成：获取化学事实、分析化学现象、解释化学问题等。 评价能力的达成：形成证据推理、自主、合作、探究的能力、发展创新思维能力。 评价价值观的达成：形成合理利用物质的意识，节能低碳、节约资源、保护环境的态度和健康的生活方式，参与社会决策的意识、坚毅品质等，体会系统思维的意义，发展辩证唯物主义世界观等。

从《义务教育化学课程标准（2011年版）》提出的知识与技能、过程与方法、情感态度与价值观三维目标到"新课标"的核心素养目标，教师需要厘清核心素养目标与三维目标之间是传承与超越的关系，在设计教学目标时要充分体现三项目标之间的融合与统一，形成可见的路径：明确手段、方式、方法、视角，明晰行为表现，评价知识、能力、价值观的达成等。三维教学目标与素养教学目标的对比如表5-5：

表5-5 三维教学目标与素养教学目标的对比

质量守恒定律的三维教学目标	质量守恒定律的核心素养教学目标
【知识与技能】 （1）掌握质量守恒定律的基本概念。 （2）理解质量守恒定律的原理。 【过程与方法】 （1）通过设计并实施简单的化学实验，验证质量守恒定律的适用性，并能从实验现象中提取规律，培养学生实验验证能力。 （2）通过观察和分析实验现象，总结质量守恒定律在化学反应中的一般规律，培养学生总结规律的能力。 （3）通过正确的实验，掌握实验数据的收集和处理方法，培养学生对实验结果进行合理解释和评价的能力。 【情感态度与价值观】 （1）理解科学规律是通过不断的实验验证和理论探索得出的，科学探究应具有勇于探索和创新的精神。 （2）理解相互学习，团队合作的重要性。 （3）形成从定量角度认识化学变化的方法。	【化学观念】 理解化学反应中物质质量守恒的必然性，进而认识到化学反应的本质和规律。 【科学思维】 （1）引导学生通过归纳、演绎、推理等思维方式，探究化学反应中质量变化的规律，培养逻辑思维和创新思维。 （2）通过搭建微粒模型，理解质量守恒定律的内涵及微观本质。 【科学探究与实践】 （1）通过设计实验验证质量守恒定律，培养学生的观察能力和数据分析能力。 （2）通过系列实验活动探究化学反应过程中的质量关系，能选取实验据说明质量守恒规律，并阐述其定量变化和微观本质。 【科学态度与责任】 （1）培养学生严谨求实的科学态度，尊重实验事实和科学规律，勇于质疑和探究。 （2）引导学生认识到科学知识的社会价值和责任，积极参与科学研究活动，为推动科技进步和社会发展贡献自己的力量。

四、可见的教学过程

可见的教学过程，建构在学生已有的知识储备上，知道学生各阶段的学习状态，关注学生的最近发展区，在教学过程中善于用可见的教学手段呈现教师的教和学生的学的过程，从而达到教学内容、教师的教、学生的学、教学评价清晰可见。

1. 可见的教学设计

基于"教—学—评"一体化教学目标设计可见的教学设计，需要考虑以下几个要素：教学内容的组织与安排、教学素材的选择与使用、教学问题的选择与设计、教学方式的选择与组合、教学评价的选择与命题、信息技术的选择与应用等。根据不同的教学内容设计不同的教学设计，可见学习视域下的教学设计是"教学内容—教师的教—学生的学—教学评价"四线可见的教学设计。

2. 可见的教

教学过程中，教师的教要对学生可见，重点在于教师要非常了解学情，明白学生在学习中的障碍以及如何去引导和改进学生的学习，体现教师的课堂作用。

（1）教师的教要对学生可见，以学生的已有经验为教学的起点。

这是学生在物理学科学习了能量守恒，在化学前四单元研究了一些物质发生化学变化后，首次进行定量的化学探究活动，从定性—定量视角研究物质发生化学变化的基本规律，是许多化学家花费毕生精力，以大量实验数据为基础总结出来的，质量守恒定律的发现是化学发展史上的里程碑。教师可以制作以时间轴为可见路径的质量守恒定律发展史视频素材，激发学生的探究欲望，提出探究性问题。可见的数轴按时间点"重现"科学家的探索之路，梳理凌乱的化学史。

（2）教师的教要对学生可见，以学科思维为教学的发展点。

目前的一线教学大多只通过宏观现象直接推导出化学反应前后物质总质量守恒。化学学习的最大特征就是"宏—微—符—量"四重表征学科思维方式。四重表征是从宏观、微观、符号、定量四种表征的角度去认识和理解化学知识，四种表征之间有机结合和相互转化。宏观从红磷燃烧前后质量的测定，进行微观分析参加反应的红磷和氧气的质量变化，并从定量的角度分析反应过程并用符号表示出来。利用微观模型、质量变化图像和符号表征，多角度清晰呈现化学变化中量的关系。

（3）教师的教要对学生可见，以创新实验为教学的生长点。

以实验为基础是化学学科的重要特征之一，是教学生长的重要手段。化学实验教学是在一定的化学知识积累下，为学习某一化学知识而开展的实验探究，实验形式多种多样，可以是探究式的、验证性的、定量的、定性的等。但不管哪一类型的实验，都要求学生在已有的知识基础上进行全新的学习。实验中会有实验失败或实验现象不明显等情况发生，通过解决其中的问题，可以发展学生的创新能力。红磷燃烧实验中，学生分组实验失败的问题是点不着红磷、装置漏气，同学们创新实验方法有很多，其中我们选择了最简单效果明显的装置：把玻璃棒烧融成接触面积大的圆形，有利于增大受热面积，把绑气球的直导管改成弯导管，以防导管太热使气球破裂，影响实验效果；铁钉与硫酸铜溶液的反应中，反应速度慢、反应过程中的溶液颜色变化不清晰，把铁钉改成铁丝，增加实验现象可见度；碳酸钠与盐酸反应中是敞开体系不能验证质量守恒定律，鼓励学生设计实验模拟碳中和过程，实现"碳排放＝碳吸收"，真正体会质量守恒定律的应用。

3. 可见的学

教师开始以学生的视角去观察学习过程时，发现可见的学，教学就会更有成效，而学生将自己视为教师来看待学习时，学习能够达到最优化。学习是将知识、经验吸收内化的个性化的建构过程，可见的学是在可见的教之下，学生能自主质疑、大胆尝试、形成问题解决的思路和方法。

（1）可见的学，有效形成化学学科思维。

教师以学科思维为教学的发展点，学生就会从教师的视角研究问题，自觉地发展自己的学科思维，用学科思维来构建自己的知识体系，如在"再现湿法炼铜"内容学习中，学生自主实验，用学科思维对实验过程进行分析，在实验过程中寻证研究定量问题。

（2）可见的学，激发学生设计创新实验。

在敞开体系中碳酸钠与盐酸反应质量不相等，激发学生更强烈的求知欲，学生基于对实验原型的分析，对实验原型进行改进，学生自主学习内容四"模拟碳中和"。可见的创新路径是：有封闭的体系，反应放出的气体能迅速被吸收，测量反应前后质量的变化。用常见的锥形瓶和气球进行实验，关键是采用什么吸收剂能迅速吸收二氧化碳？最后学生在采用的试剂和用量方面进行分析，找出合理数据，进行实验，实现"碳排放＝碳吸收"，达到零排放，学生深刻理解碳中和的原理，体现了化学学科的育人价值。

4. 可见的教学评价

"教—学—评"一体化教学过程中，评价是不可或缺的重要组成部分，主要功能是诊断学习效果、改进教学。"新课标"对每个学习主题中的内容要求、学业要求、教学提示进行整体的、一体化的设计，在"教—学—评一致性"的设计理念指引下，核心素养、课堂教学、表现性评价三者相辅相成、动态呼应：以核心素养为核心的教学目标指导课堂教学和表现性评价的进行，而学习的过程与产出是表现性评价的对象和载体；表现性评价可基于学生行为表现、作品表现、答题表现、项目作品、项目工作纸等过程性呈现进行。

以下是《质量守恒定律》教—学—评一体化的教学流程：

表5-6　可见的教—学—评一体化流程

教学内容	教师的教	学生的学	教学评价
提出问题	【提出问题】化学反应前后，物质的总质量会如何变化呢？【视频展示】展现科学家波义耳和罗蒙诺索夫相关实验资料。	观看视频，思考，同样的实验，两位科学家为什么得出了不同的结论。学生提出猜想，并阐明猜想的依据是什么。	评价学生能否利用所学的知识"原子是化学变化中的最小粒子"来提出猜想。
内容一：演示红磷燃烧实验，认识质量守恒定律	【提出问题】红磷燃烧前后物质的质量总和存在什么关系？【演示实验】演示红磷在密闭体系中燃烧实验，引导学生从反应前，反应中，反应后有序观察实验。	观察演示实验并进行思考分析。	评价学生能否认识实验原理，准确描述实验现象。
	【分析图像及数据】通过资料卡片及图像引导学生分析。	进行思考分析。	

（续上表）

教学内容	教师的教	学生的学	教学评价
内容二：再现湿法炼铜实验原理，理解质量守恒定律	【提出问题】古代湿法炼铜中存在什么样的质量关系呢？ 【自主探究】各小组完成铁与硫酸铜溶液反应实验。	学生分组实验，收集、记录证据。	评价学生能否理解质量守恒定律的实验原理，将实验结果与质量守恒定律关联，分析质量变化的原因。
	【分析并总结】分析物质质量变化历程。	进行思考分析。	
内容三：显现微观原理，构建质量守恒定律	【提出问题】质量守恒定律的本质是什么呢？ 【搭建模型】各小组完成电解水过程模型。 【归纳点拨】归纳出质量守恒定律的内容。	进行思考，然后同学之间用头与拳头构建水分子，表演水通电分解的过程，搭建微观模型。 能找出质量守恒定律的关键词。	评价学生能否从分子、原子的角度解释化学变化的本质；搭建水分解的模型，从宏微符思维分析质量守恒定律。
内容四：分析质量守恒定律	点拨学生总结质量守恒定律的微观本质。	归纳质量守恒的原因。	评价学生能否从原子的种类、数目和质量变化的角度推导，从宏观、微观的角度理解质量守恒定律。

（续上表）

教学内容	教师的教	学生的学	教学评价
内容五：模拟碳中和，应用质量守恒定律	【提出问题】碳酸钠与盐酸反应前后称量结果是否发生变化？ 【自主探究】学生进行碳酸钠和盐酸的分组实验及分析物质质量变化历程。	进行分组实验及分析物质质量变化历程。 组别甲：将碳酸钠粉末放在气球中，再将气球固定在锥形瓶口。 组别乙：不用气球。	评价学生能否运用质量守恒定律分析、解决实际问题。能否基于对实验原理的理解，选择合适的仪器并组装完整的装置进行实验。基于对实验现象和数据的观察和记录，运用比较的方法分析实验数据，并得出结论。
	【设计和展示创新实验】引导学生根据实验目的进行改进实验设计。利用二氧化碳吸收剂进行实验创新。	分组设计实验。在观看演示实验中思考。	

　　可见学习视域下的教学探索是一个非常复杂的过程，教师在进行可见学习的课堂教学时，在理念上践行可见学习，在教学过程中面对不同的教学内容、不同的学习对象等情况，教师要根据实际情况探索可见的课堂教学，对学生学习过程进行可见的量化评价，达到真正意义上的"教—学—评"一体化。

第三节　分层设计作业，减负提质增效

　　初中化学是科学教育的重要阶段，对于培养学生的科学素养和兴趣有着至关重要的作用。然而，由于初中生在知识基础、学习能力、兴趣爱好等方面存在差异，传统的"一刀切"的作业设计往往不能很好地满足每个学生的需求，反而可能造成负担过重，影响学生的学习效果。因此，如何根据学生的实际情况，分层设计化学作业，以实现减负、提质、增效的目标，是当前教育者需要关注的要点。

一、分层设计作业的意义和目标

分层设计作业是根据学生的不同学习水平和需求，设计不同难度、不同侧重点的作业，以最大限度地满足每个学生的需求，提高他们的学习效果。其意义在于：

（1）减轻学生过重的学业负担，避免"一刀切"的作业造成的压力和挫败感。

（2）提高学生的学习质量，通过针对性的作业设计，帮助学生更好地理解和掌握化学知识。

（3）增强学生的学习效率，通过分层设计作业，使学生能够在更短的时间内达到更好的学习效果。

二、分层设计原则

在进行初中化学作业分层设计时，应遵循以下原则：

（1）因材施教：根据学生的实际情况和学习需求进行分层设计，避免"一刀切"。

（2）个性化需求：尊重每个学生的个性和兴趣爱好，设计不同类型的作业，以满足不同学生的需求。

（3）循序渐进：作业的难度应循序渐进，逐渐提高难度和复杂性，以帮助学生逐渐提高能力。

三、作业难度与分组策略

将化学作业分成适当难度的任务，并采取合适的分组策略以满足不同层次学生的需求是分层设计的关键。根据学生的实际水平，可以将化学作业分为三个层次：基础层、提高层和拓展层。

（1）基础层：针对所有学生，注重基础知识和基本技能的训练，如基本概念、基本原理的记忆和理解。

（2）提高层：针对大多数学生，注重综合应用能力的训练，如运用所学知识解决实际问题，进行实验设计等。

（3）拓展层：针对少数优秀学生，注重创新思维和科学探究能力的训练，如进行探究性实验、开展课题研究等。

四、创新性和开放性

在保证有效训练学生思维能力的同时，注重引入创新性和开放性题目。例如，设计一些需要学生运用创新思维来解决的实际问题，或者让学生自己设计实验方案来验证某个化学原理，这样不仅可以提高学生的思维能力，还能激发他们的创新精神。

五、融合多种方法

为了达到减负、提质、增效的目标，需要灵活运用不同类型、形式多样的考核方法。除了传统的书面作业外，还可以引入实践活动、课题研究、小组讨论等形式多样的考核方法，以全面评估学生的学习效果。

六、教师指导与反馈机制

教师在分层教学活动中扮演着重要的角色。他们需要充分了解每个学生的学习情况，以便进行针对性的分层设计。同时，教师还需要及时提供反馈，帮助学生发现自己的不足之处，并指导他们如何改进。这种及时的反馈机制对于促进学生学习进步非常重要。

七、家校沟通桥梁建立

家长在孩子的教育中起着重要的作用。当家长发现孩子对完成作业感到压力过大时，应积极与教师沟通，共同寻找解决办法。同时家长还可以引导孩子如何合理安排时间以完成各项任务。家校之间的有效沟通是孩子取得成功的关键因素之一。

八、我的作业设计方案

在"双减"背景下，如何"增效"成了一线教师的难题。尤其是新课程标准又倡导培养学生的应用意识和创新精神。因此，作业要体现个性化，就要有助于"提优、抓中、补差"。设计作业应注重作业的层次，有一定的灵活性，针对不同的学生设计不同的练习，让不同层次的学生在选择作业时能"爱我所爱""对号入座"，调动各层次学生学习的积极性。

我校化学科组经过几年的探索，设计了个性化作业本和作业布置方案。我们将课堂练习和课后练习装订成册，作业本的习题包含"夯实基础""能力提高""拓展提升"三部分。在分配作业时，学生根据自己的意愿，进行选择，完成其中的一部分或全部。个性化作业方案主要通过五个"分层"来落实，分别是：

1. 课堂练习分量分层

对于学生的不同水平，我们采取不同的课堂作业分量练习形式，最终实现让不同层次的学生达到完成课堂练习的时间大致相同。

2. 课后作业分量分层

每课的基础性练习，所有学生必须完成，以扎实掌握基础知识和基本技能。基础较差的学生先完成"基础知识"部分，当他们进步较大时，能力提升时，可以自愿选择完成"能力提高"的部分或全部。中等成绩的同学一般要完成"基础知识"和"能力提高"两部分；学习能力强的学生一般要完成"基础知识""能力提高"和"拓展提升"三部分内容。适量、适当的作业和练习要求，能有效地帮助学生体会成功的喜悦，培养学生的自信心。

3. 课后作业实施时间分层

根据针对性的作业布置和选择，使不同层次的学生完成课后作业的时间大致相同，这样就避免产生基础差、动作慢的学生要花几倍的时间才能完成作业，严重影响睡眠的情况。

4. 课后作业难易分层

作业的难度应略高于学生知识水平，具有思考的价值，学生才会对其产生兴趣。针对学生基础和能力有差异的客观事实，要着重找准每类学生的最近发展区，针对不同层次的学生制订不同的发展目标，给他们搭建自我发展和提高的平台。

（1）基础知识部分习题。这是为班级中基础较差的学生专门设计的练习。这类题让学生对照例题和课堂笔记可以顺利完成，然后增加 2 道不分解知识点的基本练习题。

（2）能力提高部分习题。这是为班级大多数同学设计的。在做好基础题的基础上完成一道或者几道选做题，巩固基础知识，提高学习技能。让学生在最近发展区获得成功的喜悦。

（3）拓展提升部分习题。针对班级思维活跃，思路清晰的学生，完成前面两部分题后，练习 1 至 2 道拓展题，让有特长的学生"长"有所进。教师根据学生层次差异把作业设计成难度不同的作业，让学生自主选择，从而使不同发展水平的学生都能较好地参与作业，享受到做作业主人的快乐。

5. 课后作业评价分层

评价课后作业实现评价分层对于分层布置的作业应有相应的评价标准，然后再根据不同层次学生采取相应的评价标准给予评价。评价时只要学生完成相应层次的作业，便可以得到肯定或奖励。如一句句富有期待、鼓励的话语，期末时一张张光荣的奖状，或一包小零食，都会使学生产生成就感，会让学生更加喜欢做作业。

作业并不是大众化的"多多益善"。根据学生的个体情况和对其发展要求的不同，进行作业的分层设计和布置，能够有效地提高学生的学习效果并减轻他们的学业负担，真正实现减负、提质、增效的目标。

第四节　优化寒假作业，培养学生能力

近年来，中小学生课业负担过重的问题日益突出，尤其是在校外培训方面，一些培训机构通过超前教学、应试培训等方式加剧了学生的学习负担。"双减"政策是我国政府为了进一步减轻中小学生课内外负担、促进教育公平、提高教育质量、营造良好的教育生态而实施的一项重要教育政策。根据"双减"政策的要求，作业设计需要考虑学生的实际学习情况，尊重学生的个性差异。初中化学教育者需要充分研究当前化学作业现状，不断探索个性化作业设计，确保减负提质增效。

一、初中化学寒假作业现状分析

学生九年级才接触化学，初中化学是学生逐步建立起化学基础知识和能力的阶段，初三寒假前，学生只学习了 1 至 8 单元的知识，寒假作业设计应该关注学生的学习进度和能力，注重多样性、实践性和应用性，培养学生的实践能力和问题解决能力。但笔者通过详细调查发现初中化学寒假作业的现状存在以下几个方面的问题：

1. 作业数量和难度普遍存在较大差异

有些学校或教师可能设置了过多的作业，导致学生在寒假期间无法得到充分的休息和放松。作业内容可能过于简单或过于复杂，没有很好地贴合学生的学习水平和能力。

2. 作业形式和类型相对单一

绝大多数学校的作业主要以书面作业为主，缺乏实践性和探究性作业，无法充分培养学生的实验观察、问题解决和创新思维能力。作业中缺乏与日常生活和实际应用相关的案例分析和实例探究。

3. 作业在个性化和差异化方面存在不足

很多学校的寒假作业只是简单地将课堂学习的模式和内容搬到家中，作业的布置一刀切，没有根据学生的学习兴趣、能力和需求进行个性化设计，学生缺乏选择的权利，很难激发学生的学习兴趣和动力。

二、初中化学寒假作业个性化设计原则

加德纳的多元智能理论提出了人类智能的多元性，他认为人类拥有多种不同的智能类型，包括语言智能、逻辑数学智能、空间智能、音乐智能、运动智能、人际智能、自我认知智能等，每个学生都有独特的学习风格、兴趣和能力。笔者认为作业个性化设计的原则有以下几点：

1. 满足个体差异，让学习更有效

个性化作业能够针对每个学生的特点、具体需求和能力水平进行设计，这样可以确保每位学生都能从作业中得到适当的挑战和支持，从而更有效地促进学习。

2. 激发学习兴趣：让学习更自主

当作业内容与学生的兴趣和好奇心相结合时，学生更有可能投入学习，个性化作业可以通过考虑学生的兴趣来设计，从而提高学生的参与度和动力。

3. 强调实践操作，让学习更有趣

化学是一门以实验为基础的学科，通过实践操作，学生可以亲身参与、动手实践，将抽象的理论知识转化为具体的经验和技能。这种学习方式能够激发学生的兴趣和好奇心，增强他们的参与度和主动性，提升学习的效果和记忆力，并发展学生的批判性思维和创新能力。

三、初中化学寒假作业内容与形式

笔者在近几年的教学中，根据学生的实际情况，制定了个性化的寒假作业方案，将寒假作业任务分为 6 个板块，学生从中选择自己感兴趣的项目进行学习，收到了比较理想的效果。下面，是我的寒假作业形式和设计内容。

（一）构建知识网络图

鼓励学生将所学的知识按照单元结构（1 至 8 单元）或知识板块结构（基础知识和基本理论、化学反应及类型、化学实验及探究、化学工艺与计算等）构建知识网络图。通过构建化学知识网络图，可以帮助学生更好地理清化学知识的脉络和关系，加深对化学概念的理解和记忆，促进知识的整合和应用。

（二）进行实验探究

鼓励学生进行简单安全的科学实验，让学生通过亲自动手操作，探究化学现象，培养实验技能。使学生能将所学的化学知识与生活实际联系起来，做到学以致用。同时，也对学生进行实验操作规范教育，确保实验过程的安全性。学生可以在教师提供的实验清单中选择一项，自行探究或小组合作完成。

实验清单如下：

（1）用简单的实验方法，证明空气的存在，并验证空气中的一些成分。

（2）观察生活中"热胀冷缩"的现象及其实际应用。

（3）自制炭黑，探究使燃料充分燃烧的方法。

（4）以自热火锅的加热包为原料，自制澄清的石灰水。

（5）以生活中的白醋和小苏打等物质为原料，自制汽水。

（6）收集生活中常见的金属材料，探究不同金属锈蚀的条件。

（7）自制食盐晶体和白糖晶体。

（8）收集生活中常见的清洁剂，探究不同清洁剂的使用方法。

（三）进行社会实践活动

让学生进行一些社会实践活动，通过亲身参与和观察，学生可以更直观地理解化学原理在日常生活中的应用，从而增强对化学知识的理解和记忆。实践活动也有助于培养学生的实践能力和动手能力，提升他们的问题解决能力和创新能力。社会实践活动还有助于激发学生的学习兴趣和热情。当学生能够亲身参与到化学的实践活动中，他们会更加深入地了解化学的魅力和实用性，从而更加热爱化学学科。实践活动也有助于培养学生的团队合作精神和责任感。在实践活动中，学生通常需要分组合作，共同完成任务。这不仅可以培养他们的团队合作精神和沟通能力，还可以让他们学会如何承担责任和分享成果。

社会实践活动清单：

（1）参观自来水厂或污水处理厂，了解自来水厂净水的流程或污水厂处理污水的过程。

（2）调查家庭用水情况，对照水费清单，找到改善和优化用水的方式，设计节约用水的方案，从而达到节约用水的目的。

（3）通过制作宣传海报等方式，向公众传递垃圾分类的知识和技巧，引导大家积极参与垃圾分类。

（4）调查小区的防火措施，了解防火设施和逃生通道，设计高层楼房发生火灾时的逃生方案，提高学生火灾防范意识，培养学生的应急处理能力。

（5）参与社区环境保护等方面的志愿者服务。培养学生的环保意识和责任感，提高环境保护知识和技能，培养团队合作和社会交往能力，增强社会责任感和公民意识，促进个人成长和综合素质发展。

学生可以从 5 个实践活动中选择一项，自行探究或小组合作完成。

（四）撰写科技小论文或制作手抄报

活动清单和目的：

（1）查阅资料，了解科学家对原子结构模型的探索历程，并写出自己的感受。

通过介绍科学家对原子结构模型的探索历程，让学生明白科学是一个不断发展和进步的领域，培养学生对化学的兴趣和探索精神。

（2）从初中化学常见的 27 种元素中，选择一至两种，为其代言。

通过选择一至两种元素为其代言，学生需要深入了解所选元素的特性、用途等方面的知识。这有助于学生对元素的深入理解和掌握，提高他们对元素的认知水平，激发他们的兴趣。

（3）以"水"和"二氧化碳"为主题，写一篇科普文章或做一份手抄报。

以"水"和"二氧化碳"为主题，引发学生对水的重要性的思考，让学生了解我国的"碳达峰""碳中和"等战略，培养学生的创造力和社会责任感，加深他们对化学知识的理解。

（4）通过查阅资料、实际调查等方式，了解我国新能源的使用情况。

了解我国在新能源的使用方面取得的显著进展，已为其他国家提供了宝贵的经验。增强学生的民族自豪感。

学生可以从 4 个实践活动中选择一项，独立完成或小组合作完成。

（五）科技小制作

活动清单和目的：

（1）自制便携式制氧机。

通过让学生自制便携式制氧机，加深他们对氧气制取的认识和理解，激发他们对科学和工程的兴趣，提高学生的实践能力、应用能力和创新能力。

（2）自制家庭版简易净水器。

让学生自制净水器，亲身体验净水的过程和效果，增强净水的意识，从而在日常生活中更加重视饮水安全和环境保护。

（3）用生活中的物品代替实验仪器，组装一套可以控制反应的发生与停止的气体制取装置或一套可以控制反应速率的装置。

通过设计装置，加深学生对化学反应原理和相应装置优点的理解，激发他们对科学实验和工程设计的兴趣，提高其实践能力和应用能力。

学生可以从 4 个实践活动中选择一项，独立完成或小组合作完成。

四、初中化学寒假作业实施策略

（1）教师根据学生的实际情况，制定个性化的寒假作业方案。

（2）提前告知学生寒假作业的内容和要求，以便他们做好准备，对于实验探究部分，有特别的安全强调和实施方案。

（3）在寒假期间，定期检查学生的作业完成情况，及时给予指导和帮助。

（4）开学后，对学生的作业进行评估和反馈，总结经验教训，为今后的教学提供参考。

五、初中化学寒假作业个性化设计的反思与评价

寒假个性化作业通过与学生的兴趣相契合，让学生能根据自己的学习需求和能力水平等实际情况选择作业任务，使学生能够在适合自己的学习范围内进行学习，这样可以更好地满足学生的学习需求，帮助他们更好地理解和掌握化学知识，提高学习效果。通过自主选择任务、自主安排学习时间和方式，可以培养学生自主学习的能力，提高自我管理和自我调控能力。同时，个性化作业通过设置一些实践性的任务，如科学探究、社会实践和创意设计等，使学生可以更好地理解和应用化学知识，增加学习的趣味性和吸引力，提高学生的学习积极性和动手实践能力，激发学生的创造力和想象力，培养他们的创新思维能力。学生小组合作完成作业任务，可以促进学生之间的互动与合作，培养团队合作能力，提高学习效果和深度，培养社交和沟通能力。这种学习方式对学生核心素养的培养和未来的发展都具有积极的影响。

在初中化学寒假作业个性化设计实施后，我们也发现了以下问题：少数基础差的孩子参与度不高，碰到困难不能主动求助于老师或同学，作业任务完成得不理想。同时，正值假期，教师给予学生的帮助有限，进行针对性的指导和辅导有限，也不能进行及时的反馈和评价。在后续工作中，我们要想办法增加个性化作业所需要的资源和支持，建立有效的反馈和评价机制，可以通过定期的作业批改和评价，提供具体的建议和指导，帮助学生了解自己的优势和不足，进一步提高学习效果。

通过统计学生对个性化寒假作业的反馈，全年级有93.3%的学生喜欢这种作业方式，有接近85%的学生亲自参与到科学探究和社会实践中，并提出了很多大胆的猜想，进行了可行的设计。这极大地提高了学生学习化学的兴趣和科学探究的热情。有助于培养学生的化学素养和创新思维，为他们未来的发展打下坚实的基础。因此，我们将在不断完善的基础上继续推广个性化寒假作业的设计。

第五节　数智驱动管理，作业赋能教学

2024 年 3 月，教育部启动人工智能赋能教育行动，旨在用人工智能推动教与学融合应用，提高全民数字教育素养与技能，开发教育专用人工智能大模型。

2023 年 5 月，教育部发布《基础教育课程教学改革深化行动方案》，推进数字化赋能教学质量提升，利用数字化赋能基础教育，推动数字化在优化课程内容与教学过程、优化学生学习方式、精准开展教学评价等方面广泛应用，充分利用人工智能和大数据技术，革新教育样态，凝聚数据势能，提升教师信息技术应用能力和教学评价能力。在这样的大背景下，在学校的支持下，我们开始进行利用大数据管理作业的探索。

一、利用数智驱动进行作业的精准管理的原因

"双减"政策实施以来，全国各地在作业管理方面进行了具有针对性地探索与实践。一些地方学校作业管理多以结果性评估为主，缺乏过程性和动态化的数据管理，难以以数据循证，实现从聚焦"量"到关注"质"的跨越。虽然学校把作业自主权交还给了学生，但是可供学生自主选择、及时整理、全景展示和诊断评估的作业资源建设仍有待提升和优化。依靠教师"一对多"的作业辅导方式难以满足所有学生个性化作业辅导的需求，作业辅导未能实现全覆盖，学生的作业完成质量有待提升。

二、怎样利用数智驱动进行作业的精准管理

1. 建立个性化校本题库

我们根据新学期的教学计划和年级学生的学习情况与需求，精准设计作业内容和形式，组建了个性化的校本作业题库。

2. 数智教育云平台进行作业管理

建立校本题库后，引入信息技术，运用大数据分析技术和人工智能对初中作业进行高效精准管理，数智教育云平台生成活页版作业本，教师改完主观题

后，扫描作业，获取数据，并以作业数据报表为依据，精准进行教学设计，科学管理作业。

3. 数智教育云平台生成个性化错题集和精准作业

数智教育云平台能够精准收集所有学生在不同时间段的作业数据，根据每个学生的情况，生成高频次类似错题集，形成课后精准作业和周末智能作业，让学生进行针对补偿，层层过关，让作业更有效更轻松，提高学习效率。

三、利用数智驱动进行作业管理的意义

将数智化基因植入教与学之中，可以实现"精准化教"和"个性化学"。数智教育云平台能够根据学生的学习情况提供个性化的作业，满足不同学生的学习需求。利用作业数据为教师的教学决策提供支持，帮助教师更精准地了解学情，更好地备课。此外，家长能够更便捷地参与到孩子的学习过程中，加强家校之间的沟通与合作。

1. 便捷——高效获取教学数据

（1）作业批改评价数据。客观题由系统人工智能批改，利用基于卷积神经网络的图像识别算法对学生上传的作业实现答案识别与匹配，不但减轻了教师日常的教学负担，还有利于教师关注典型错误的代表性学生群体，进行精准的点对点（点对多）的个性化辅导。

（2）学业诊断数据库。学业诊断基于学生错题而产生，帮助教师快速掌握班级学生知识，定位知识点薄弱区；错题集支持一键导出，实现知识错题多级管理。同时，平台还会根据每个学生的学业成绩、师生互动情况、家庭观察情况等多维度信息，为每个学生构建个人属性拓扑图，并实时更新，便于老师全面了解学生，实现个性化教学。

2. 精准——提高数据的信度、效度与准确度

在传统的学情分析中，教师往往依靠个人经验以及有效的作业样本数量进行分析与评价，不但耗费时间，还会影响数据的信度、效度与准确度。而数智教育云平台能够精准收集所有学生在不同时间段的作业数据，提高了作业分析的准确性和全面性，帮助教师在短时间内精准掌握学情。

3. 个性——真正实现作业"私人定制"

布置个性化作业是教学的理想状态，但由于操作的复杂性很难在实际教学中真正落实。数智教育云平台能够为每一位学生提供个性化的数据分析，为老

师提供个性化布置作业的平台，生成具有个性化的"每周错题集""每月错题再练集""每学期错题梳理和变式练习集"等个性化作业，从而真正做到作业布置的"私人订制"。

4. 联动——助力作业管理科学化

学校借助数智教育云平台进行作业管理的探索，能够实时掌握学生各学科的学习轨迹，"看见"学生的成长历程，进而实现对作业的全进程管理与学生学习的全进程评价，实现全面统筹管理，从而推进学校作业管理制度的不断优化，构建更加科学系统的作业管理机制，增强教师对学校作业管理的理解和支持。

通过数智驱动的作业管理，能优化教学流程，精准赋能初中教学，提高教学质量，确保学生能够在适当的作业量下获得更高效的学习体验。通过提供个性化作业和数智系统生产的高频错题集，缩小学生之间的学习差距，实现教育公平，为高质量发展提供教育的"新质生产力"。也有利于建立基于数据的教育决策机制，提高决策的科学性和精准性，深化教育技术融合，探索人工智能在教育领域的广泛应用，为教育技术领域提供新的研究案例和思路。

参考文献

[1] 余文森：《核心素养导向的课堂教学》，上海：上海教育出版社，2017 年。

[2] 于漪：《于漪与教育教学求索》，北京：北京师范大学出版社，2015 年。

[3] [英] 怀特海著，庄莲平、王立中译：《教育的目的》，北京：文汇出版社，2012 年。

[4] 李皎、庞琪琪：《〈自然界的水〉跨学科实践活动——"水质检测及自制净水器"项目式学习》，内部课例。